Axel Hacke

~ Über den Anstand in schwierigen Zeiten und die Frage, wie wir miteinander umgehen ~

Verlag Antje Kunstmann

FÜR MEINE KINDER

Ich sitze mit einem Freund abends in der Kneipe, der Wirt kommt an den Tisch, wir hätten gerne zwei Bier, der Wirt zählt seine Biersorten auf, ich entscheide mich für ein Bier aus den bayerischen Bergen.
Okay, sagt der Freund, das nehmen wir, und der Wirt dreht ab zum Zapfhahn, da sagt der Freund zu mir, sein *Okay* einschränkend: »Obwohl man das ja eigentlich auch nicht mehr trinken kann …«
»Wieso das jetzt?«, frage ich.
Der Freund erklärt, dass die Brauerei an ihrem Firmensitz für allerhand Umweltsünden verantwortlich sei, dass sie ohne Rücksicht auf Landschaft und Bürgersinn expandiere, dass viele Leute dort das eigene Bier deshalb schon boykottierten und es daher die Frage sei, ob man sich da nicht solidarisieren sollte.
»Aber ist ja auch wurscht jetzt«, sagt er dann. »Nicht so wichtig.«
Der Wirt kommt, wir trinken das Bier, reden eine Weile über dies und jenes, leeren die Gläser, der Wirt steht wieder da, wir bestellen noch zwei, ich habe die Geschichte mit den Sünden der Brauerei schon vergessen, halte also einfach mein Glas hoch und nicke,

merke jedoch, wie mein Freund nun kein bayerisches Bier bestellt, sondern eines aus Berlin. Oder war es ein westfälisches? Ich weiß es nicht mehr.

Es war ihm also doch wichtig. Hat ihm keine Ruhe gelassen. Er ist, finde ich, ein anständiger Kerl, er will nicht sein Bier auf Kosten der Welt trinken oder jedenfalls der Umwelt in den Bergen, *er will ein anständiger Kerl sein*, und er zieht es durch, auch bei einem Bier zieht er es durch, das Anständigsein.

Jedenfalls beim zweiten Bier.

Das gefällt mir, denke ich.

Über das Anständigsein habe ich, ehrlich gesagt, nie besonders nachgedacht, es war mir immer etwas selbstverständlich Gutes. Anständig zu sein bedeutet, so fand ich, Rücksicht auf andere zu nehmen, und zwar auch dann, wenn einem gerade nicht unbedingt danach zumute ist, also: in der Trambahn für ältere Menschen aufzustehen, auch wenn man selbst ein wenig müde ist; einen kranken Freund zu besuchen, auch wenn man eigentlich keine Zeit hat; sich in einer Schlange nicht vorzudrängln, auch wenn man es eilig hat; eine Beerdigung zu besuchen, um den Hinterbliebenen beizustehen, auch wenn man dazu gerade keine Lust hat ...

Einfache Dinge, zunächst einmal, zum Beispiel.

Sich nicht selbst in den Vordergrund zu stellen, sondern zu bedenken, dass andere Menschen nicht weniger Rechte im Alltag und im Leben haben als ich. Nicht zu vergessen, dass vieles, was ich tue, Rückwirkungen auf andere hat. Deshalb gehören der Freund und sein Bier auch mitten in dieses Thema hinein: Weil es für mich zum Begriff des Anstands gehört, nach Möglichkeit zu bedenken, welche Folgen das eigene Verhalten für andere haben kann.

Nicht, dass ich diesen Ansprüchen genügt hätte, davon kann keine Rede sein. Kein Mensch ist immer auf der Höhe seiner eigenen Leitlinien, ich schon gar nicht. Manchmal erreicht man nie das Niveau, auf dem man gerne wäre. Darum geht es hier auch gar nicht.

Aber ich empfand es doch als großes Lob, wenn man über einen anderen sagte: ein anständiger Kerl. Offen gestanden glaubte ich, dass die meisten Menschen ein Gefühl dafür in sich tragen: einen Sinn dafür, wie es ist, nicht allein auf der Welt zu sein, und was man dafür tun muss, dass man vernünftig mit anderen zusammenlebt.

Ich glaube es immer noch.

Aber es gibt ein paar Zweifel.

Denn es schwappt ja seit einer Weile nicht nur eine Woge von Anstandslosigkeit um die Welt, sondern ein ganzer Ozean tobt. Wir leben, dies nur mal als erstes Beispiel, in einer Welt, in der ein Verlust jedes menschlichen

Anstands einen Mann nicht daran gehindert hat, Präsident der Vereinigten Staaten von Amerika zu werden. Sondern in der gerade diese Zurschaustellung der eigenen Niedertracht ihm den Weg in dieses Amt sogar geebnet zu haben scheint.

Man muss nicht all die Widerwärtigkeiten wiederholen, die Donald Trump schon von sich gegeben hat, das sind ein paar zu viele, und es reicht vielleicht, ja, es reicht ganz sicher, wie Meryl Streep es gleich zu Beginn des Jahres 2017 bei der Verleihung der *Golden Globes* in Los Angeles getan hat, eine einzige in Erinnerung zu rufen, die für alle anderen steht: wie Mister Trump vor Publikum einen kranken und deshalb körperlich behinderten Journalisten nachäffte. Es habe ihr Herz gebrochen, als sie das gesehen habe, sagte Streep, »und ich kann es immer noch nicht aus meinem Kopf bekommen«.

Und wir leben auch sonst inzwischen mit vielem, das eigentlich unerträglich ist.

Der sogenannte *Shitstorm*, den mancher Prominente nach vielleicht nicht besonders klugen und jedenfalls voreiligen Äußerungen über sich ergehen lassen muss, ist ein Ereignis, das uns noch vor gar nicht langer Zeit geradezu sprachlos vor Entsetzen machte. Der Ton, der in vielen Internetforen herrscht, die Beleidigungen und Lügen, die dort Alltag geworden sind – man hat sich schon daran gewöhnt. Jeder, der auch nur ein wenig älter ist, erinnert sich an heftigste, rabiateste politische Diskussionen aller Art, in denen auch die Grenzen dessen überschritten wurden, was ich Anstand zu nennen mir angewöhnt hatte.

Aber niemals, nicht einmal annäherungsweise, in diesem Maß.

Und was ist mit diesem unbegreiflichen Ausmaß von Schäbigkeit, das wir auf unseren Straßen sehen, mit den Leuten zum Beispiel, die im Jahr 2015 ungestraft einen Galgen für Angela Merkel und Sigmar Gabriel durch Dresden trugen?

Was ist mit dieser Geschichte hier?

Als im Frühjahr 2016 das Auto einer Familie aus Baden-Württemberg kurz vor dem Autobahnkreuz Nürnberg-Ost von einem Lkw mehr oder weniger zerquetscht wurde, waren die Mutter und drei kleine Kinder sofort tot, der Vater wurde schwer verletzt aus dem Wrack geschnitten. Die Autobahn war vier Stunden lang gesperrt, und als der Verkehr auf einer Spur wieder freigegeben wurde, beobachtete die Polizei, wie viele Fahrer äußerst langsam an der Unfallstelle vorbeifuhren, um mit ihren Handys zu filmen. Ganz Ähnliches geschah im Mai 2017 auf der A 6 nach einer Unfallserie: Autofahrer stiegen auf der Autobahn aus ihren Autos, schlossen sie ab und gingen zur Unfallstelle, um dort zu filmen. Ihre verschlossenen Wagen versperrten derweil Rettern den Weg.

Oder was ist mit dem jüngeren, gut angezogenen Mann, der mit seinem großen Auto um die Ecke biegt, haarscharf an einer Mutter (eine gute Bekannte von mir) mit ihren zwei Kindern vorbei, die an einem Zebrastreifen bei Grün über die Straße gehen – und der, als die Mutter auf die für sie grüne Ampel zeigt, die Scheibe herunterlässt und sagt: »Halt's Maul, Schlampe!«

Gewiss, das kann man nicht alles in einen Topf werfen, Menschen mit miserablen Umgangsformen und Rohlinge aller Art hat es schon immer gegeben, wird es auch immer geben.

Aber es ist doch im Moment so, dass fast jeder eine solche Geschichte zu erzählen hat, und das könnten am Ende zu viele Geschichten dieser Art sein, nicht wahr? Und die Frage wäre: Warum brechen sich solche Dinge Bahn in einer so reichen Gesellschaft wie unserer? Würde man solchen Zivilisationsverlust nicht in Zeiten der Not und des Überlebenskampfes erwarten? Was drängt da nach oben, ausgerechnet in unserer Zeit?

Das ist alles erst mal nur so ein Gefühl, mit dem wir uns näher beschäftigen wollen.

Ein Leser schrieb mir, der Verlust des Anstandes beschäftige ihn sehr: »Wenn man heute sagt: ›Das tut man doch nicht!‹, dann kommt die Antwort: ›Wieso, das ist doch legal.‹ Meiner Meinung nach wird es Zeit, diese weichen Werte näher zu beleuchten. Sie sind es, die unser Leben lebenswert machen, nicht die Gesetze.«

Er fügte hinzu, er habe gerade im Radio ein Gespräch mit Georg Stefan Troller gehört, dem Journalisten, Schriftsteller und Dokumentarfilmer, der als Jude 1938 mit knapp siebzehn Jahren aus Wien vor den Nazis fliehen musste. (Heute würde man ihn einen unbegleiteten minderjährigen Flüchtling nennen.) Troller wurde gefragt, wann er den Nationalsozialismus im Alltag zum ersten Mal zu spüren bekommen habe, und er schilderte Szenen wie diese: Gassenjungen hätten ihm, weil er Jude war, die Mütze entrissen und auf einen Baum geworfen, unerreichbar für ihn – immer öfter habe es solche Dinge gegeben. Der Leser schrieb dazu: »So etwas Ähnliches sehen wir heute auch. Zunächst verschwinden die zivilen Konventionen, der Ton wird rauer und unverschämter. Anstand, Moral, Ethik sind sehr weitgehend auf der Strecke geblieben. Dann folgen Taten.«

Man muss nur einmal das im Jahr 2015 eröffnete NS-Dokumentationszentrum in München besuchen, um zu sehen, wie schnell so etwas gehen kann, wie damals, in den Zwanziger- und Dreißigerjahren, plötzlich der Anstand verschwand, ganz normale Bürger der Stadt auf offener Straße attackiert wurden und ihr Leben nicht mehr führen konnten.

Für den, der das für grandios überzeichnet und hysterisch hält, hier einige kurze beunruhigende Nachrichten: Während der *Europäischen Makkabiade* 2015, der größten jüdischen Sportveranstaltung Europas, sah sich die Jüdische Gemeinde in Berlin veranlasst, den Teilnehmern vom Tragen der Kippa in einigen Berliner Stadtteilen abzuraten, es sei zu gefährlich – ein Umstand, an dem sich bis heute nichts geändert hat. Denn zwei Jahre später las ich in der *Süddeutschen Zeitung* die Geschichte des jüdischen Schülers Paul, der seine Berliner Schule verlassen musste, weil er dort gemobbt, beschimpft, bedroht und geschlagen worden war – übrigens, dem Artikel zufolge, ohne dass man ihm von Seiten der Schulleitung und der Lehrer angemessen geholfen hätte. Die Zeitung zählte über diesen einen hinaus eine Reihe Fälle von Gewalt gegen Juden auf (und in allen, auch dem des Schülers Paul, hatten die Täter arabische oder türkische Wurzeln). *Oder:* In dem Münchner Viertel, in dem ich lebe, wurde im Mai 2017 ein Mann auf offener Straße zusammengeschlagen, weil er schwul ist; auch solche Attacken sind keine Einzelfälle. »Dass man sich Sprüche bis hin zur Androhung von Gewalt gefallen lassen muss«, habe er in letzter Zeit vermehrt festgestellt, sagt Jens Spahn, Bundestagsabgeordneter, Staatssekretär im Finanzministerium und CDU-Präsidiumsmitglied, der mit seinem Partner in Berlin zusammenlebt. *Oder:* Im Jahr 2016 gab es in Deutschland fast tausend Anschläge auf

Flüchtlingsheime. *Oder*: Im Frühjahr 2017 stellte die *Sport-Bild* auf zwei Seiten Beispiele für die zunehmende Verrohung von Fußballfans zusammen, alles Ereignisse aus wenigen Tagen. In Kopenhagen wurde ein Spieler mit toten Ratten beworfen; in Norwegen ein Linienrichter mit Pfefferspray angegriffen; in Saint-Étienne ein Stadion von Hooligans gestürmt, in dem ein Spiel unter Ausschluss der Öffentlichkeit stattfinden musste (zur Strafe für Ausschreitungen Wochen zuvor); in Frankfurt hing ein riesiges Plakat mit der Aufschrift »Für jedes Stadionverbot ... Bulle Tod!«; in Eindhoven und Hamburg wurden Spiele wegen der Zündung von Rauchbomben unterbrochen – und das war bei Weitem nicht alles.

Kaum habe ich das hingeschrieben, lese ich – es ist Juni 2017 – im *Spiegel* über den veränderten Alltag in Großbritannien: »Ohne dass die britischen Medien groß darüber berichten, werden inzwischen täglich muslimische Mädchen bespuckt, Tüten mit Kotze auf Autos von Muslimen geworfen, Schweinefleisch unter deren Scheibenwischer geklemmt.«

Michelle Obama hat, noch als ihr Mann im Amt war, im Herbst 2016 in einer berühmt gewordenen Rede einmal an die grundlegenden Regeln menschlichen Anstands erinnert, *the basic standards of human decency*.

Aber wie lauten die denn genau?

Machen wir uns an die Arbeit, beleuchten wir mal »diese weichen Werte« genauer, die mit dem Begriff des Anstands keineswegs selbstverständlich, klar und für alle gleich verständlich gefasst zu sein scheinen.

Fast jedem, den ich nach diesem Wort frage, fällt etwas anderes dazu ein.

Ein Freund, der die Zeugnisse seines Sohnes an einem bayerischen Gymnasium betrachtete, fand darin den Satz: »Er hat sich immer anständig verhalten.« Was das nun wieder solle, fragte er, so ein verstaubtes, muffiges Wort. Es klinge nach den Fünfzigerjahren, nach einem Satz, den er als Kind zu oft gehört habe: »Benimm dich anständig! Setz dich anständig hin!« Es stehe für all das Spießige jener Generation seiner Eltern, die so oft vor allem um keinen Preis auffallen wollte und deshalb über so vieles nicht mehr nachdachte, sondern nur noch an erstarrten Regeln klebte.

Ein anderer erregt sich sofort darüber, dass Uli Hoeneß wieder Präsident des FC Bayern geworden sei, ein Krimineller, der sich nicht schäme, wieder ein solches Amt zu bekleiden. Auf meinen Einwand, er habe doch seine Strafe verbüßt und sei ein Mensch, der sich vielen gegenüber sehr anständig verhalten habe, höre ich: Gut und schön, dennoch hätte er wissen müssen, dass man sich nach einer solchen Tat aus der Öffentlichkeit zurückzuziehen habe; ein Fußballfunktionär sei ein Vorbild für viele junge Menschen auf den Sportplätzen.

Ein Dritter erzählt von seiner Frau, die, in Gegenwart ihres vierjährigen Kindes, von einem Vater mit unflätigen Beleidigungen überschüttet wurde, als sie ihn im Kindergarten darauf aufmerksam machte, dass sein Sohn ganz offensichtlich an einer ansteckenden Krankheit leide, und ihn höflich fragte, ob es für alle Beteiligten nicht besser wäre, wenn das Kind zu Hause bliebe.

Was ist das denn nun tatsächlich: Anstand?

Oder: Was könnte es sein?

Jeder, der sich näher mit diesem Begriff beschäftigt, erlebt einen Schock: Es war nämlich Heinrich Himmler, der seiner Tochter 1941 ins Poesiealbum schrieb: »Man muss im Leben immer anständig und tapfer sein und gütig.« Und der in einer seiner beiden Posener Reden im Oktober 1943 über die Vernichtung der europäischen Juden vor nationalsozialistischen Funktionären und SS-Offizieren sagte:

»›Das jüdische Volk wird ausgerottet‹, sagt ein jeder Parteigenosse, ›ganz klar, steht in unserem Programm, Ausschaltung der Juden, Ausrottung, machen wir.‹ Und dann kommen sie alle an, die braven 80 Millionen Deutschen, und jeder hat seinen anständigen Juden. Es ist ja klar, die anderen sind Schweine, aber dieser eine ist ein prima Jude. Von allen, die so reden, hat keiner zugesehen, keiner hat es durchgestanden. Von Euch werden die meisten wissen, was es heißt, wenn 100 Leichen beisammenliegen, wenn 500 daliegen oder wenn 1000 daliegen. Dies durchgehalten zu haben, und dabei – abgesehen von Ausnahmen menschlicher Schwächen – anständig geblieben zu sein, das hat uns hart gemacht und ist ein niemals geschriebenes und niemals zu schreibendes Ruhmesblatt unserer Geschichte.«

Was meinte er?

Man versteht das besser, wenn man ein weiteres Zitat aus der Rede ganz liest, auch wenn es schwerfällt, weil es tatsächlich monströs ist.

»Ein Grundsatz muss für den SS-Mann absolut gelten: ehrlich, anständig, treu und kameradschaftlich haben wir zu Angehörigen unseres eigenen Blutes zu sein und zu sonst niemandem. Wie es den Russen geht, wie es den Tschechen geht, ist mir total gleichgültig. Das, was in den Völkern an gutem Blut unserer Art vorhanden ist, werden wir uns holen, indem wir ihnen, wenn notwendig, die Kinder rauben und sie bei uns großziehen. Ob die anderen Völker in Wohlstand leben oder ob sie verrecken vor Hunger, das interessiert mich nur soweit, als wir sie als Sklaven für unsere Kultur brauchen, anders interessiert mich das nicht. Ob bei dem Bau eines Panzergrabens 10 000 russische Weiber an Entkräftung umfallen oder nicht, interessiert mich nur insoweit, als der Panzergraben für Deutschland fertig wird. Wir werden niemals roh und herzlos sein, wo es nicht sein muss; das ist klar. Wir Deutsche, die wir als Einzige auf der Welt eine anständige Einstellung zum Tier haben, werden ja auch zu diesen Menschentieren eine anständige Einstellung einnehmen, aber es ist ein Verbrechen gegen unser eigenes Blut, uns um sie Sorge zu machen und ihnen Ideale zu bringen, damit unsere Söhne und Enkel es noch schwerer haben mit ihnen.«

Dies gelesen habend, könnte man den Begriff auf der Stelle für in jeder Hinsicht untauglich erklären: Wenn selbst einer der größten Massenmörder der Weltgeschichte sich selbst und seine Kumpane für anständig hält und ihnen den Anstand predigt – was soll man dann noch mit einem solchen Wort? Und tatsächlich haben viele den Anstand zu einer jener Sekundärtugenden erklärt, mit denen man auch ein Konzentrationslager führen könne, haben ihn *kontaminiert* genannt, *vergiftet, untauglich für jede moralische Diskussion*. Ein Terminus, der so schwammig und relativ sei, dass selbst die größten Menschheitsverbrecher ihn für sich in Anspruch nehmen könnten: sinnlos.

Das kann man so sehen.

Andererseits: Ich möchte doch darauf aufmerksam machen, dass es immer zu den wesentlichen strategischen Grundsätzen der Feinde von Freiheit, Wahrheit und Gerechtigkeit gehörte, sich Begriffe, die nicht ihre waren, zu eigen zu machen, sie einfach umzudrehen, ihnen so ihren eigentlichen Sinn zu nehmen – und ihren Kampf mithilfe dieses Wortraubs erfolgreich zu führen. In George Orwells berühmtem Roman *1984* heißt das Propagandaministerium *Ministerium für Wahrheit*, die Parolen der herrschenden Partei und ihres Vorsitzenden, des *Großen Bruders*, lauten *Freiheit ist Sklaverei, Krieg ist Frieden, Unwissenheit ist Stärke*, und die Folterlager des Systems werden *Lustlager* genannt. Das heißt: Wörter bekommen einfach neue, gegenteilige Bedeutungen, sodass sie am Ende nichts mehr aussagen. Sie werden für jene, denen diese Wörter eigentlich gehörten, unbenutzbar. Die Gegner des Großen Bruders haben schlicht und einfach keine Sprache mehr.

In China, habe ich mal gelesen, gibt es dafür ein bekanntes Sprichwort. Es lautet »einen Hirsch für ein Pferd ausgeben« und geht auf einen Mann namens Zhao Gao zurück, Obereunuch und Premierminister am Hof des chinesischen Kaisers vor mehr als zweitausend Jahren. Er ließ eines Tages den vor dem Kaiser versammelten Ministern einen Hirsch vorführen: »Eure Majestät!«, sagte er. »Ein Pferd für Euch.« Jene unter den Ministern, die nun darauf beharrten, es handele sich nicht um ein Pferd, sondern um einen Hirsch, aber auch jene, die einfach nur erschrocken schwiegen, wurden hingerichtet. Die anderen hatten sich unterworfen, sie durften bleiben.

So funktionieren Diktaturen noch heute, auch das China unserer Zeit, dessen Präsident die globale Vernetzung preist, während es in seinem Land keinen freien Zugang zum Internet gibt, auch die Türkei Recep Tayyip Erdoğans, in der fast jeder ein Terrorist ist, der gegen ihn auftritt, und ebenso das Denken Donald Trumps, der im Wahlkampf seine Gegnerin Hillary Clinton so lange als Betrügerin verleumdete, bis viele tatsächlich glaubten, irgendetwas werde schon dran sein an seiner Behauptung.

Ich würde also einen Begriff, der mir etwas bedeutet, nicht einfach aufgeben, das wäre vielleicht schon der Beginn der Kapitulation vor jenen, deren Verhalten ich als unanständig empfinde. (Was ich von Autokraten, Diktatoren und Verbrechern halte, geht natürlich über den Begriff *unanständig* weit hinaus.)

Doch die eingangs aufgeworfene Frage war ja, ob der Verlust des Anstands nicht solchen Leuten den Weg zur Macht ebnet. Ob also die Tatsache, dass jedes Gefühl für Anstand verloren geht, eben auch schlimmstenfalls das sein kann: die erste Stufe auf dem Weg in die Diktatur.

Aber hat übrigens (um darauf noch mal zurückzukommen) dieses Bier, das ich mit meinem Freund trank, eigentlich wirklich mit Anstand zu tun?

Um darauf zu antworten, bräuchten wir jetzt doch mal fürs Erste eine halbwegs tragfähige Definition dessen, was wir unter Anstand verstehen. Oder wenigstens einige weitere Assoziationen zu dem Begriff.

Vielleicht fangen wir so an, hilfsweise, alles Weitere soll sich ja erst noch erweisen: Unter Anstand würde ich einen Sinn für Gerechtigkeit verstehen, auch ein grundsätzliches Gefühl der Solidarität mit anderen Menschen, für Fairness, also für den Gedanken, dass man sich an die Regeln auch dann hält, wenn mal gerade keiner guckt, für Ehrlichkeit also und Offenheit, auch sich selbst gegenüber. Und Aufrichtigkeit: zu handeln und zu reden ohne Hintergedanken. Fähig zu sein, das eigene Reden und Handeln kritisch zu sehen. Und den Willen zu haben, sich an diese Gebote zu halten, so gut es geht.

Dazu eine einfache Geschichte.

Bei der Tour de France 2003 führte die 15. Etappe zu einer Berg-Ankunft in Luz Ardiden, einem Skigebiet in den französischen Pyrenäen. An der Spitze fuhren der Amerikaner Lance Armstrong, der Deutsche Jan Ullrich und der Baske Iban Mayo. In einer Rechtskurve fuhr Armstrong zu nah an das Spalier der Zuschauer, verhakte sich mit dem Bremshebel in der Plastiktüte eines Mannes aus dem Publikum, stürzte und riss Mayo mit.

Ullrich hatte zu diesem Zeitpunkt in der Gesamtwertung nur 15 Sekunden Rückstand auf den führenden Armstrong. Er hätte, wäre er einfach weitergefahren, diesen Rückstand verkürzen, möglicherweise aufholen können.

Aber er blieb stehen.

Er wartete, bis beide Konkurrenten weiterfahren konnten, ja, Armstrong nutzte die Situation daraufhin sogar aus, zog das Tempo an, der irritierte Ullrich konnte nicht mithalten. Armstrong gewann die Etappe und die ganze Tour. Ullrich wurde das Opfer seiner eigenen fairen Geste.

Wie paradox das ist! Später wurden beide Rennfahrer – die größten ihrer Zeit – als Doper entlarvt. Armstrong verlor seine Tour-Siege, sie wurden ihm aberkannt. Beide sind heute, wie die *Frankfurter Allgemeine Zeitung* einmal schrieb, »zwei Zerschmetterte«. Am Ende ihrer Karrieren mussten sie mit ihrem Ruf, Armstrong auch mit einem guten Teil seines Vermögens für ihre Lügen bezahlen. Und dennoch: *In dieser einen ikonischen Geste* des Wartens auf den Gestürzten und dem Verzicht darauf, dessen Pech auszunutzen, zeigte sich doch ein tiefes Verständnis dafür, dass der eine den gleichen Kampf wie der andere führt, dass man ihn mit den gleichen Voraussetzungen führen möchte und vor allem: dass es Werte gibt, die über denen des Besserseins, des Sieges, des Erfolges, des Triumphes stehen. Wenn es doch bloß nicht nur hier gewesen wäre!

Es war damals üblich im Radsport, würden nun beide antworten, nehme ich an. Aber darum würde es gerade gehen: dass man auch beim Üblichen nicht mitmacht, wenn es unanständig ist.

Erich Kästner hat in seinem Roman *Fabian. Die Geschichte eines Moralisten* 1931 einen Mann beschrieben, der in den Zeiten kurz vor der Machtergreifung der Nazis um ein anständiges Leben ringt, ja, seine Zeit damit verbringt, »neugierig zuzusehen, ob die Welt zur Anständigkeit Talent habe«. Er unterwirft sich nicht der Gier nach Geld, Alkohol, Sex, die das Leben dieser Zeit bestimmt; er will nicht, obwohl auch seine über alles geliebte Mutter sich das wünscht, ein nützliches Mitglied einer Gesellschaft werden, »dieser G.m.b.H.«, es geht auch gar nicht, »so marode war er noch nicht«; er verschenkt noch das wenige Geld, das er hat; er verachtet die dümmliche Unterwerfung unter den politischen Zeitgeist; er verlässt die Frau, die er liebt und die ihn liebt, weil sie sich um des Erfolgs als Schauspielerin willen zu einem Filmproduzenten ins Bett legt. Er sucht nach etwas Anderem, und am Ende springt er in den Fluss, um einen kleinen Jungen zu retten, der hineingefallen ist – und ertrinkt, denn er selbst ist Nichtschwimmer. Der kleine Junge aber schwimmt heulend ans Ufer.

Und so sehen wir jetzt schon, dass der Anstand auch eine Sache des Einzelnen ist, dass es um Fragen geht, die jeder sich stellen muss – und auch darum, dass man sich manchmal etwas entgegenstellen muss, sich ihm widersetzen, etwas Ursprünglichem. Dem, was alle tun, was sie automatisch tun, ohne nachzudenken, dem genetischen Funktionieren sozusagen, vielleicht? Beschäftigen wir uns, wenn wir uns mit dem Anstand beschäftigen, nicht mit dem Prozess der Zivilisation?

Ist es dann also – um auf die Frage zurückzukommen – unanständig, wenn ich dem Beispiel des Freundes nicht folge und einfach das Bier trinke, das mir schmeckt, ohne nach seinem Woher zu fragen? (Nein, finde ich nicht.) Wer hat schon Lust und Zeit und überhaupt immer die Möglichkeit, vor jedem Getränk, das er sich bestellt, im Internet nachzusehen, ob das moralisch zu rechtfertigen ist? (Ich nicht.) Und ich kann mich nicht mit jedem Problem in jedem Alpental beschäftigen, letzten Endes kann ich vermutlich die umweltpolitische Lage dort, wo dieses Bier gebraut wird, auch gar nicht wirklich beurteilen, da sind eher die Leute dort selbst zuständig. Genau genommen: Wann war ich da eigentlich zuletzt? (Mindestens fünfzehn Jahre her.) Und müsste ich nicht dann auch vernünftigerweise erst einmal alle anderen mir vom Wirt angebotenen Biermarken daraufhin überprüfen, ob es moralische Tatbestände gibt, die gegen ihren Genuss sprechen? (Ja, mache ich aber eben nicht.)

Ich könnte jetzt hier auch auf der Stelle mit einem Lob der Inkonsequenz und der Schlampigkeit loslegen, ich könnte davon sprechen, dass es niemandem guttut, wenn er das Leben nur nach den Kriterien von Gut und Schlecht betrachtet, wenn er es immerzu und an jeder Stelle durch die große Moral-Lupe betrachtet: Niemandem tut es gut.

Aber dazu kommen wir noch.

Jetzt wollte ich doch nur erst einmal sagen, dass der Versuch, ein anständiges Leben zu führen, schon sehr ins Detail zu führen scheint, wenn man ihn ernst nimmt. Wie wir überhaupt von ein paar komplizierten Dingen reden sollten, wenn wir schon mal bei diesem Thema sind: Wie die Dinge heute in der Welt liegen, haben wir es ja auch mit dem Ansturm des vermeintlich Simplen auf das in Wahrheit Vertrackte zu tun, mit den Attacken der Plattheit auf das Nachdenkliche, und mit dem Feuer der Wut, das alles Schwierige niederbrennen soll.

Und was ich auch meine, wenn ich das Verhalten meines Freundes anständig nenne: Er macht sich Gedanken darüber, was sein eigenes individuelles Verhalten für die Welt bedeutet. Allein dieses *Sich-Gedanken-Machen* finde ich anständig.

Zurück zu den begrifflichen Assoziationen: Mit dem Anstand werden die meisten von uns erst einmal unwillkürlich allerhand Alltäglichkeiten in Verbindung bringen, simple Benimmregeln, Manieren: Man schlürft seine Suppe nicht, man hält einer Frau die Tür auf – alles Dinge, an denen nichts Falsches sein muss, im Gegenteil, im Gegenteil. Irgendwann wird in diesem Zusammenhang der Name *Knigge* fallen, und dann ist man vom Wesentlichen weg und endgültig bei Messer, Gabel und Serviette, bei Handschlag, Handkuss und den Handreichungen zum Binden einer Krawatte.

Aber darum geht es hier nicht, und darum ging es schon Adolph, dem Freiherrn von Knigge, nicht bloß, das ist es ja. Der nannte sein Buch, das 1788 in der ersten Auflage erschien (und danach, oft verändert, bearbeitet und geradezu entstellt, immer wieder): *Über den Umgang mit Menschen.* Genau davon handelte es.

Knigge war es um Menschenbildung zu tun, er schrieb in Zeiten, in denen das Bürgertum dem Adel als neue, gesellschaftlich maßgebende Schicht gegenübertrat. Er wollte »die sittliche Vervollkommnung des Bürgers zum wahrhaft vorbildlichen Menschen befördern helfen«, wie der Germanist Gert Ueding schrieb. »Pflege und Veredlung des Individuums« war sein Ziel. Er schrieb an gegen Steifheit und Grobheit, »Blödigkeit und Schüchternheit«, auch »pöbelhaften Hochmut« reicher

Bürger und predigte Bildung, Beredsamkeit, Zwanglosigkeit im Umgang, Lebhaftigkeit im Gespräch, ja, Leichtigkeit, Anmut, Grazie. Knigge war ein zu den Bürgern übergelaufener Adeliger, und indem er geradezu inständig die Freuden familiärer, häuslicher und eben *bürgerlicher* Glückseligkeit pries, so Ueding, legte er wohl selbst den Grundstein zur späteren Verengung dessen, was er geschrieben hatte, zum reinen banalen Benimmleitfaden.

Aber das war es eben nicht.

»Wenn die Regeln des Umgangs nicht bloß Vorschriften einer konventionellen Höflichkeit oder gar einer gefährlichen Politik sein sollen«, schrieb er selbst, »so müssen sie auf die Lehren von den Pflichten gegründet sein, die wir allen Arten von Menschen schuldig sind. Das heißt: ein System, dessen Grundpfeiler Moral und Weltklugheit sind, muß dabei zum Grunde liegen.«

Moral und vor allem: Weltklugheit – ist das nicht schön?

Ja, das ist es, und mindestens genauso wichtig ist die Rede von den Pflichten, die wir »allen Arten von Menschen schuldig sind«, womit wir schon beim Kern der Sache wären: einen Anstand, den man glaubt, nur bei bestimmten Menschen wahren zu müssen, gibt es nicht.

Zum Allerwichtigsten seines Buches aber gehört, dass Knigge die Lebensführungsideale eben nicht aus überkommenen Vorschriften bezog, sondern aus der Beobachtung und aus dem Verstehen des Menschen selbst. »Man muß die Gemüthsarten der Menschen studieren, in so fern man im Umgange mit ihnen auf sie wirken will«, schrieb er.

Dieser Mann schaute den Menschen an, wie er war und ist, und wollte das Beste in ihm entwickeln helfen.

Wenn man vom Anstand redet, spricht man also zunächst einmal vor allem von einem gewissen alltagsmoralischen Ideal des Menschen. Und räumt man allen Verständnisschutt beiseite, so sieht man ein Wort, mit dem jeder etwas anfangen kann – und allein das ist vielleicht nicht ganz unwichtig.

»Man kann sich schlecht eine Kultur vorstellen, die auf Anstand verzichtet, aber es ist nicht nötig, dass der Anstand in jeder gleich aussieht«, hat der Germanist Karl-Heinz Göttert in seinem Buch *Zeiten und Sitten. Eine Geschichte des Anstands* geschrieben. Cicero beispielsweise habe in seiner Definition als entscheidendes Merkmal den Verzicht auf Kränkung genannt. Jeder habe, Cicero zufolge, so Göttert, »den Anspruch darauf, nicht verletzt zu werden. Wie das Recht darüber wache, dass dies nicht mit dem Messer geschehe, so der Anstand, dass man mit Worten darauf verzichte«.

Die Frage ist, ob wir das heute noch so sehen.

Göttert zitiert das Beispiel der Mohammed-Karikaturen in der dänischen Zeitung *Jyllands-Posten* 2005, durch die sich Muslime gekränkt fühlten, worauf jedenfalls die radikalen unter ihnen blutige Rache schworen. Wohingegen wir die Zeichnungen, um den Preis der Kränkung, als zulässige, der Wahrheitsfindung dienende und keineswegs den Anstand verletzende Meinungsäußerung sehen würden. Kränkung, so Göttert, »erscheint so gesehen als eine kulturabhängige Größe«.

Anstand habe, schreibt er weiter, »letztlich etwas mit der Frage zu tun, wie eine Gesellschaft ihr schlechterdings entscheidendes Problem löst: den Verzicht auf Gewalt«. Es gehe um die Betrachtung eigenen Handelns mit den Augen der anderen, um Mitleid und Kooperation. Aber anders als in den Bereichen des Rechts und der Moral sei der Begriff des Anstands nicht über Zeiten und Gesellschaften zu universalisieren, sondern offensichtlich eher zeitabhängig. Mord ist in allen Gesellschaften zu allen Zeiten verboten, für die Kränkung gilt das so nicht. Denn wenn sie, die Kränkung, als Immunisierungs-Möglichkeit gegen jede Kritik benutzt wird, dann hat sie offensichtlich in einer freien Gesellschaft einen anderen Platz als in der Ciceros; bei uns muss es möglich sein, eine Religion zu kritisieren, auch um den Preis der Kränkung.

Doch das Problem im Fall der Karikaturen war ja

wohl eher, dass Leute, die diese Bilder nicht einmal kannten, den Zeichner mit dem Tod bedrohten. Da geht es nicht mehr um die Kränkung, sondern wie man damit umgeht, oder? Dass man also nicht Leute umbringt, die einen gekränkt haben.

Anstand sei eben weder Recht noch Moral, sagt Göttert jedenfalls. Dieser Gedanke könnte uns weiterhelfen: Anstand gleiche »mehr der Mode, die das Problem der (notwendigen) Bekleidung mit immer neuen Ideen löst«. Die Frage wäre dann, was wir in unserer Zeit für wesentlich halten. Welche Ideen wir jetzt dazu haben. Was uns heute dazu einfällt.

Wobei ich hier Zweifel hätte: Mode? Ist das nicht zu beliebig? Es mag sein, dass jede Zeit ihren Anstands-Begriff neu finden muss. Aber gibt es nicht auch vieles, das universal ist, immer gültig und in jeder Form der zivilisierten Gesellschaft unentbehrlich?

Der Philosoph Dieter Thomä hat in einem Aufsatz die Auffassungen Immanuel Kants, des Philosophen, zu diesem Thema untersucht. Kant stand, liest man da, dem Anstand zu Beginn in seinen Vorlesungen in Königsberg offenbar weit kritischer gegenüber als später, er hielt ihn zunächst für bloße Anpassung an oberflächliche Regeln, für platten Konformismus. In der Tat ist das ja ein verbreitetes Verständnis: Man unterwirft sich überkommenen Verhaltensvorschriften, es geht um optischen Schein ohne innere moralische Überzeugung.

Diese Auffassung kennen wir auch heute noch, denn Anstand ist, so gesehen, eine Art sozialer Schmierstoff, der jede beliebige Gesellschaft zum Funktionieren bringt. Es hat Zeiten gegeben, in denen Homosexualität als unanständig galt (es gibt sie heute noch), auch solche, so Thomä, »in denen derjenige als unanständig galt, der ohne Hut über die Straße ging, und derjenige als anständig, der seine Kinder regelmäßig mit Prügelstrafen disziplinierte«. Im extremsten Fall darf sich dann sogar ein SS-Mann für anständig halten, der Juden ermordet, sich aber nicht persönlich an ihrer Habe bereichert hat.

Man sieht: »Vieles von dem, was unter Anstand firmiert, ist gerade darauf angelegt, eine gewisse Unschärfe oder Verschwommenheit zu erzeugen: Von irgendeinem Verhalten heißt es, dass es sich so gehöre.« (Thomä)

Später dann zog Kant als Beispiele für den Anstand solche heran, denen ein eigener moralischer Gehalt innewohnt: Leutseligkeit, Freimütigkeit, Freundlichkeit, Höflichkeit, Gesprächigkeit, »sie alle«, schreibt Thomä, »regulieren nicht nur ein gesetzmäßiges Verhalten, sondern kennzeichnen ein menschenfreundliches Miteinander«. Deckmantel für Unmenschlichkeit aber können sie nicht sein. Er kam damit zu einem anderen Verständnis, bei dem es weniger um Zugehörigkeit zu einer bestimmten sozialen Gruppe und um formale Vorschriften geht, sondern um schlichte Menschlichkeit, um »Teilnehmen an dem Schicksal anderer Menschen« (Kant).

Das ist genau der Punkt, den der eingangs zitierte Leser meinte, wenn er von den »weichen Werten« schrieb. Denn heute haben wir, schreibt Thomä, auf der einen Seite eine weitgehend Gesetzen folgende, »durchaus auch moralisch ambitionierte Gesellschaftsordnung«, auf der anderen das Handeln vieler Einzelner, denen es nicht um diese Ordnung, sondern um die maximale Ausnutzung persönlicher Spielräume und die Verteidigung der eigenen Ungebundenheit gehe. Der Zusammenhalt einer modernen Gesellschaft aber stehe und falle genau mit dem, was dazwischen ist, dem »Zwischenreich, in dem Individuen sich mit einander arrangieren, auf einander einlassen und aneinander wachsen«.

Genau das, so könnte man sagen, ist der Bereich, in dem der Anstand waltet, wie wir ihn hier verstehen wollen.

Reden wir aber von Zu- statt Abwendung, von Teilnahme anstelle von Ablehnung, dann geht es natürlich auch um die Grundlagen menschlichen Zusammenlebens. War es Knigge nicht darum zu tun? Und ging es nicht Erich Kästner und auch Hans Fallada exakt darum in den Dreißigerjahren, als die Verbrecher auf dem Weg an die Macht waren? Um ein Basiswissen von dem, was man im Umgang mit anderen tut und was nicht? Ging es nicht um einen ganz persönlichen Ehrbegriff des einzelnen Menschen?

Fallada beschreibt in seinem berühmten Roman *Kleiner Mann – was nun?* das Leben des Verkäufers Johannes Pinneberg und seiner Frau Emma in den Zeiten der Weimarer Republik, den Jahren von wirtschaftlicher Not und politischem Radikalismus, die schließlich in die Nazizeit mündeten. Herausgefordert vom Schicksal, das für Pinneberg beispielsweise die Entlassung mit sich bringt, finden die beiden die einzige Sicherheit in ihrem Leben im privaten Glück, in ihrer Liebe und in einem Begriff von Anständigkeit, den Fallada für Emma so formuliert: Sie habe »ein paar einfache Begriffe«, nämlich »daß die meisten Menschen nur schlecht sind, weil sie schlecht gemacht werden, daß man niemanden verurteilen soll, weil man nicht weiß, was man selber täte, daß die Großen immer denken, die Kleinen fühlten es nicht so – solche Sachen hat sie in sich, nicht ausgedacht, die sind in ihr«.

An anderer Stelle, in einem anderen Roman (*Jeder stirbt für sich allein* heißt er) bestärkt der Musiker Reichhardt den Helden des Romans, Otto Quangel, darin, dass es sich lohnt, Widerstand gegen die Nazis zu leisten, »weil wir uns bis zum Tode als anständige Menschen fühlen können«.

So lautet Falladas Bekenntnis zu einer Anständigkeit

als einem Wertekanon, auf den er sich in den Zeiten, in denen er lebte, beziehen wollte. »Was wir brauchen und wozu wir kommen werden«, schrieb er 1932, »das ist – über alle Parteien und Ideen weg, eine Front der ›Anständigen‹ im Lande, eine Front der Menschen, die menschlich denken.« Und weil Fallada ein Verehrer Erich Kästners war, formulierte er 1931 anhand von dessen *Fabian* eine Art Manifest des Anstands:

»Tut, was ihr wollt«, so beginnt es, »wir werden nicht auf die Anständigkeit verzichten. Tut, was ihr könnt, wir werden darum schwarz schwarz und einen Millionär einen Schurken nennen. Jagt, habt Erfolg – wir werden das nur Betrieb und Mißerfolg nennen. Zieht uns hinein in eure Schweinereien – das könnt ihr, aber sterben tun wir doch allein, ganz allein, ohne euch, beispielsweise bei der Rettung eines Kindes; wir Fabian Kästners protestieren, heute, morgen, immer. Es ist die alte Melodie, im Anfang, am Ende, wie in der Mitte. Sie ist der Grundakkord des Menschen Kästner: seid anständig. Laßt euch nicht verführen. Bleibt anständig.«

So klingt das, wenn Menschen sprechen, die mit ihrem Verständnis von Anstand im Leben existenziell gefordert waren, etwas, das die meisten von uns nie erlebt haben und hoffentlich nie erleben werden.

Und es klingt auch *so*, bei Kästner selbst, in seinem Gedicht *Warnung vor Selbstschüssen* von 1929:

> War Dein Plan nicht: irgendwie
> Alle Menschen gut zu machen?
> Morgen wirst Du drüber lachen.
> Aber, bessern kann man sie.
> Ja, die Bösen und Beschränkten
> Sind die Meisten und die Stärkern.
> Aber spiel nicht den Gekränkten.
> Bleib am Leben, sie zu ärgern!

Das war Kästners Credo: sich nicht erschießen, nicht gehen, nicht kneifen, da sein, auch wenn es schwierig wird! Etwas riskieren. Anständig sein.

Sagten wir nicht über Knigge, er wollte das Beste im Menschen entwickeln helfen? Kästner habe, so Fallada, gesagt: Der Mensch ist nicht gut. Aber man kann ihn bessern, »besser, das ist zu schaffen.«

Fabian, seine Romanfigur, sagte: »Ich warte auf den Sieg der Anständigkeit, dann könnte ich mich zur Verfügung stellen. Aber ich warte darauf wie ein Ungläubiger auf Wunder.« Aber hatte er, Fabian, nicht dadurch, dass er nach seinen Prinzipien lebte und starb, dazu beigetragen, dass die Anständigkeit doch ihre Siege errungen hat, leider erst sehr viel später?

Und nun die Frage: Fehlt uns nicht sowohl im täglichen Lebensgewurschtel als auch in der politischen Situation, in der wir uns befinden – in dieser für uns sehr lange nicht da gewesenen Herausforderung durch Populisten und Demokratiefeinde also –, etwas von einem gewissen Pathos, von einer klar formulierten Vision dessen, *was* und *wie* wir als Einzelne im Leben mit anderen sein wollen?

Fehlt uns das nicht schon lange?

Wir haben in vieler Hinsicht das Gefühl dafür verloren, was es bedeutet, eine Gesellschaft zu sein, zusammenzugehören, sich auseinanderzusetzen, wir haben so oft kein Ideal mehr davon, was es bedeutet, ein Bürger zu sein, wir sind getrieben von der technischen Entwicklung, von einer Nötigung zu ständiger Selbstdarstellung, von diffusen Ängsten, die wir uns einerseits nicht eingestehen oder andererseits total übertreiben, wir sind hysterisch, wo wir nüchtern sein müssten, und unaufmerksam, wo wir wachsam sein sollten.

~

»Ist das nicht total übertrieben?«, fragt mein Freund. »Ich kenne so viele hochanständige Leute. Ich kenne etliche, denen das auch zuwider ist, wovon du sprichst. Es gibt in Facebook-Gruppen einen Riesenzulauf für Aktionen gegen Hass im Internet. Und denk mal an die 400 000 Leute, die 1992 in München mit einer Lichterkette gegen Fremdenfeindlichkeit und Rechtsradikalismus auftraten! Und die unglaublich vielen Leute, die ehrenamtlich irgendwo in diesem Sinn arbeiten.«

»Das will ich auch nicht bestreiten. Aber man muss auch sagen, dass sich Dinge verändern, oder? Und es ist ja auch jetzt nur erst mal so ein Gefühl, wie gesagt. Sagen wir: Es geht um ein gewisses Unbehagen, wenn man sich unsere gesellschaftliche Entwicklung ansieht.«

Woher kommt es?
Warum ist es da?
Und wäre es nicht an der Zeit, dass wir uns ein paar Gedanken machen über die Art, wie wir in der Öffentlichkeit miteinander umgehen? Denn darum soll es hier ja auch gehen, um den Ton, die Lautstärke, die Wortwahl, wenn wir miteinander reden. Um unsere ganze eigene Haltung, wenn wir uns auseinandersetzen.

»Gestern saß ich mit meiner Familie in einem Lokal«, sage ich zu meinem Freund, »das war in der Stadt, es war schon spät. Am Nebentisch saß eine Frau mit einem kleinen Kind, sie bestellte nichts, denn sie wartete anscheinend, und als sie eine Weile gewartet hatte, erschien ein Mann, der wohl ihr Mann und der

Vater des Kindes war. Er setzte sich dazu, sie redeten nicht übermäßig viel, studierten die Karte, bestellten, die Frau und das Kind schauten immer wieder den Mann an. Aber er holte zuerst sein Smartphone heraus, dann sein Tablet, suchte darin herum, drückte hier, drückte da, dann baute er beide Geräte vor sich auf, und zwar zwischen sich und Frau und Kind. Ab und zu wechselte er ein paar Worte mit ihnen, aber vorwiegend schaute er in die Geräte.«
»Sieht man öfter, so was«, sagt mein Freund.
»Ja, natürlich«, sage ich. »Und es widerstrebt mir, deshalb nun die übliche Klage zu beginnen, vom Verfall der Kommunikation und der Sitten, weißt du. Ich finde so viel Gutes an diesen Geräten und am Internet, wir haben einen Zugang zum Wissen der Welt, den wir früher nicht kannten. Und ich kann so unkompliziert den Kontakt halten zu meinen Kindern, die weit entfernt leben.«
»Und trotzdem?«, sagt mein Freund.
»Und trotzdem ging von diesem Bild des Mannes und seiner Familie etwas ungeheuer Deprimierendes aus.«
»Vielleicht wartete er auf wichtige Mails und Anrufe aus Übersee?«, sagt mein Freund. »Vielleicht wollte er nicht im Büro hocken, sondern mit seiner Familie zusammensitzen, und nun ermöglichten ihm Handy und Tablet, dass er im Lokal bei ihnen sein konnte.«

»Andererseits war er eben doch nicht bei ihnen«, sage ich.

»Sieht man auch ohne elektronische Geräte immer wieder«, sagt er. »Ehepaare, die stumm voreinander sitzen und mit ihren Gedanken irgendwo sind, nur nicht an dem Tisch, an dem sie sich befinden. Ein Smartphone würde denen vielleicht sogar helfen. Dann würden sie im Internet möglicherweise etwas entdecken, über das sie reden könnten.«

»Vielleicht«, sage ich. »Andererseits sind da immerzu Mütter, die mit ihren Babys spazieren gehen und dabei in ihre Smartphones starren, während die Kinder die Blicke der Mütter suchen. Ich glaube, man muss kein Technikfeind sein, um daran etwas seltsam zu finden. Man sieht so viele junge Leute, die nicht miteinander reden, sondern auf Bildschirme blicken. Man erwischt sich selbst dabei, dass man abends am Familientisch nach seinem Telefon greift und ... Nur mal kurz nach einem Fußballergebnis schauen. Und schon ist man weg und woanders und allein.«

»Eben nicht allein, man kommuniziert nur mit jemand, der nicht da ist.«

»Mag sein«, sage ich. »Aber oft sind die Menschen nur zur Hälfte dort, wo sie gerade sind, und zur anderen Hälfte in ganz anderen Sphären. Das Seltsame an den sozialen Medien ist, dass sie nur zu einem Teil sozial sind. Zum anderen Teil sind sie zutiefst asozial. Sie vereinzeln uns und machen uns gemeinsam einsam. Und wenn es hier was zu verstehen gibt, dann Folgendes: Das alles ist sehr widersprüchlich und kompliziert, und eine der wichtigsten Fähigkeiten, die Menschen in unserer Zeit benötigen, scheint zu sein, das Widersprüchliche und Komplizierte zu akzeptieren und auszuhalten.«

»Ja«, sagt mein Freund und sieht mir lächelnd zu, wie ich verstohlen nach meinem gerade aufblinkenden Handy sehe und es dann in die Tasche stecke.

Ich hatte, als ich ein kleiner Junge war, einen Onkel, der arbeitete in einer Fabrik. Oft, wenn wir ihn besuchten oder er uns besuchte, hörte ich ihn schimpfen auf die Oberen in seiner Firma. Er war gelernter Werkzeugmacher und arbeitete in einer Firma für Rechenmaschinen, die schon damals ununterbrochen in Schwierigkeiten war – weshalb genau, das wusste ich als Kind natürlich nicht. Nur schimpfte der Onkel immerzu auf *sie*, wie er sagte. *Sie*, das waren die Chefs, die Leute oben, die das Leben der Leute unten bestimmten, Tag für Tag hineinfunkten und Dinge beschlossen, die meinem Onkel nicht gefielen.

Der Onkel war in der Gewerkschaft, was ihm nicht wenig bedeutete. Sonntags, wenn sich die Familie traf, trug er, wie die anderen Onkels auch, einen Anzug mit Weste, und am Anzug die Nadel der IG Metall. Er trug sie stolz, denn er war sehr selbstbewusst, wenn es um das ging, was er jeden Tag tat. Und in der Gewerkschaft zu sein, das hieß: nicht machtlos zu sein. Die Gewerkschaften redeten mit, sie organisierten Streiks, sie waren die Basis der SPD, die in jenen Jahren regierte. Wer also in der Gewerkschaft war, der war zwar ein kleiner Mann, aber nicht ohne jede Macht. Er war nicht allein, er gehörte zu einer großen Organisation, die ihm einen gewissen Stolz gab und den kleinen Männern Respekt in der Welt verschaffte.

Mein Onkel ist tot. Die Firma, in der er arbeitete, gibt es nicht mehr, denn es gibt natürlich auch keine Rechenmaschinen mehr, wie ja auch nicht mehr viele Schreibmaschinen hergestellt werden.

Als ich in den Siebzigerjahren anfing, den Beruf des Journalisten zu lernen, war meine erste Anschaffung eine mechanische Schreibmaschine. In der Redaktion später in den Achtzigern standen dann schon elektrische Geräte. Es gab Berufe wie den des Schriftsetzers, Männer fast immer, die unsere Artikel an riesigen Maschinen in Blei gossen, es gab Menschen (ich habe vergessen, wie ihr Beruf hieß), die aus den Fotos, die in der Redaktion eintrafen, metallene Platten herstellten, die dann zu Druckvorlagen weiterverarbeitet werden konnten, es gab Metteure, die aus Bleizeilen und Fotoplatten große schwere Metallseiten bauten, es gab Stenografen, die am Telefon die Diktate unserer Artikel entgegennahmen, wenn wir unterwegs waren, es gab Frauen an Fernschreibern, die andere Artikel verschickten. Viele dieser Berufe waren sehr sehr alt. Viele SPD-Politiker waren (und sind) gelernte Schriftsetzer, Paul Löbe und Philipp Scheidemann vor dem Krieg, Björn Engholm und Rudolf Dreßler danach.

Praktisch alle diese Berufe gibt es nicht mehr. Die Digitalisierung hat sie überflüssig gemacht, an ihre Stelle sind Computer getreten. Wir haben eine der großen technischen Revolutionen in der Menschheitsgeschichte erlebt, und diese Revolution hat unser Leben umgewälzt und tut es noch. Ihr Tempo nimmt in noch vor nicht langer Zeit einfach nicht vorstellbarer Weise zu. Wer zu Anfang des vergangenen Jahrhunderts Schriftsetzer wurde, der konnte zu Recht davon ausgehen, dass es diesen Beruf sein ganzes Leben lang geben würde. Von welchem Beruf könnte man das heute überhaupt noch sagen?

Wir leben in einer Zeit der permanenten Ungewissheit, und das in jeder Beziehung. Jeder muss heute damit rechnen, seinen Beruf im Leben mehrmals wechseln, verändern, anpassen zu müssen. Zu arbeiten bedeutet heute eigentlich überhaupt, permanent zu lernen. Das Leben jedes Einzelnen ist von Grund auf verändert worden, wir wissen heute nicht einmal, ob wir in zehn Jahren noch selbst Auto fahren werden und wie dieses Auto dann aussehen wird. Ihre Lebenspartner lernen viele von uns heute im Internet kennen. Das Bargeld steht in manchen Ländern kurz vor der Abschaffung. In den Fabriken arbeiten mehr Roboter als Menschen.

Und das ist ja alles noch im Gange.

Was wird, nur mal so als Frage, eines nicht mehr fernen Tages aus den Hunderttausenden von Fernfahrern, wenn die Lkws keine Fahrer mehr benötigen, weil sie alleine fahren, computergesteuert, in Kolonnen von Automatenlastwagen?

Vielleicht ist alles, was wir erlebt haben, immer noch erst ein Beginn? Bisher war die Globalisierung nur eine der Herstellungsprozesse: Waren, die früher bei uns hergestellt wurden, hat man plötzlich in anderen Ländern billiger produziert und zu uns transportiert. Schon bald aber werden, dank neuer Kabel-Techniken, ungeheure, heute noch fast unvorstellbare Datenmengen um die Welt transportiert werden können. Das heißt, plötzlich werden nicht mehr nur Produktionsprozesse von der Globalisierung betroffen sein, sondern auch Dienstleistungsberufe, Anwälte oder Ärzte zum Beispiel.

Was wird dann aus dem Stolz der Menschen auf das,

was sie tun? Was aus dem Respekt für das, was sie sind? Was würde mein Onkel heute tun?

Vieles davon geschieht nicht, weil wir es so beschlossen hätten, sondern es passiert wie ein Naturereignis, vorangetrieben allerdings oft von anonymen, gesichtslosen Konzernen wie Amazon, Google, Facebook. Es ist über uns hereingebrochen, es bricht immer noch über uns herein, und es wird noch lange über uns hereinbrechen. Im Grunde schauen wir ohnmächtig zu und versuchen, mitzuhalten, so gut es eben geht.

Man kann das großartig finden, und viele von uns tun das auch. Es gibt solche Unmengen neuer Möglichkeiten. So viele alte Zäune, Mauern, Grenzen fallen weg.

Anscheinend leben wir also gerade in Zeiten, die wie gemacht sind für jene, die Veränderung, Offenheit, Ungewissheit schätzen. Aber es gibt nicht nur diese menschliche Sehnsucht nach Freiheit und Aufbruch, es gibt auch ein sehr grundlegendes Bedürfnis nach Verlässlichkeit, Planbarkeit und nach überschaubaren Lebensverhältnissen, nach Sicherheit. Und es ist wohlfeil zu tun, was viele tun: auf jene herabzublicken, bei denen dieser Wunsch ausgeprägter ist als bei anderen, oder die in einer ganz anderen Weise von diesem reißenden Wandel betroffen sind. Und die, anders als mein Onkel das hatte, nicht mehr unbedingt eine Gewerkschaft an ihrer Seite haben, die ihnen hilft. Sondern die sich plötzlich mit der Frage auseinandersetzen müssen, warum sie einfach nicht mehr benötigt werden, ja, warum es für das, was sie tun oder eben nicht mehr tun können, nicht einmal mehr ein wenig Respekt gibt.

~

»Warum schreibst du das Buch, an dem du gerade arbeitest?«, fragt mein Freund. »Willst du etwas erklären? Wem willst du etwas erklären?«
»Ich möchte mir selbst etwas erklären«, sage ich.
»Und was?«
»Ich würde gerne verstehen, warum die Art, wie wir miteinander umgehen, uns heute immer wieder so entgleitet, warum wir uns so feindselig gegenüberstehen, warum so vieles, das wir als gesichert ansahen, heute auf einmal so unsicher ist. Übrigens lese ich gerade *Eine kurze Geschichte der Menschheit* von Yuval Harari, einem Geschichtsprofessor in Jerusalem. Er schreibt, dass wir unsere Natur und Psyche nur verstehen könnten, wenn wir erst mal verstünden, dass unsere Vorfahren über Hunderttausende von Jahren Jäger und Sammler gewesen seien – und dass dies die Zeit sei, die uns bis heute prägt. Die zehn Jahrtausende danach als Bauern und Hirten und die zwei Jahrhunderte als Arbeiter und Angestellte seien

nur ein Wimpernschlag verglichen mit dieser langen Ära, die unsere Instinkte bestimmte und in der wir unbewusst bis heute leben.«

»Also sind wir immer noch Steinzeitmenschen?«

»Jedenfalls sind unsere Gehirne so programmiert, und unsere Probleme ergeben sich aus der Konfrontation dieser Programmierung mit der Entfremdung in riesigen Städten, mit Flugzeugen, Telefonen, Computern. Ein Wildbeuter vor 30 000 Jahren war genötigt, sich mit den Früchten eines Baums mit reifen Feigen zügig den Magen vollzuschlagen, bis eine Pavianhorde um die Ecke bog und ihn verscheuchte, um selbst zu fressen. Wir fürchten immer noch die Paviane, die gleich da sein könnten, um uns alles wegzunehmen.«

»Fressen Paviane Feigen?«

»Scheint so. Wenn sie welche kriegen.«

»Aber hier geht es doch nicht um Ernährung.«

»Nein. Das war auch nur ein Beispiel für lang anhaltende Prägung. Aber es war eben auch so, dass die sozialen Instinkte der Frühmenschen auf kleine Gruppen ausgelegt waren – und damit auch unsere. Bis heute liegt die magische Obergrenze unserer Organisationsfähigkeit bei 150 Menschen, mit mehr Leuten können wir keine engen Beziehungen pflegen. Ab dieser Zahl brauchen wir Gesetze, Rangabzeichen, Titel.«

»Mir scheint«, sagt mein Freund, »dass Menschen immer wieder versuchen, diese kleinen Gruppen herzustellen. Sie finden ihre Identität und Sicherheit auch darin, dass sie andere ausschließen.«

»So ist es wohl. Aber gleichzeitig sind wir eben zu sehr starken sozialen Beziehungen in der Lage, mussten es sein. Wenn ein Mensch zur Welt kommt, ist er hilflos, das gibt es bei kaum einer anderen Tierart in dieser Form – eigentlich eine Frühgeburt, vergleichsweise. Um diese Kinder aufzuziehen, braucht er andere Menschen, das kann er nicht alleine. Eine Mutter mit einem kleinen Kind kann nicht genug Nahrung finden und sich verteidigen. Also hat die Evolution die bevorzugt, die sich besonders gut mit anderen zusammenschließen konnten.«

»Schreibt Harari?«

»Genau. Übrigens steht bei ihm auch, der Durchschnittsmensch dieser Zeit habe oft monatelang keinen Fremden getroffen. Er sah nur Leute, die er kannte, im Laufe seines Lebens ein paar hundert andere. Und jeder Fremde war, potenziell, eine Gefahr.«

»Dann wäre Fremdenfeindlichkeit genetisch bedingt?«

»Bedingt vielleicht, auch erklärlich. Aber heute haben wir ja nun mal auch andere Informationen, die so einen Impuls kontrollieren, genau darum geht es doch hier.«

»Welche Informationen sind das?«

»Was weiß ich, Zeitungen, das Fernsehen, das Internet. Wir haben unseren Verstand. Und wir haben so etwas wie den Anstand.«

Am 13. Februar 2017 war ich in Dresden, 72 Jahre nach dem Beginn der Bombenangriffe, mit denen die Dresdener Innenstadt innerhalb weniger Tage fast komplett zerstört wurde. Auch diesmal gedachten Tausende von Bürgern dessen mit einer Menschenkette. Eine Woche zuvor war unter dem Titel *Monument* eine Installation des Künstlers Manaf Halbouni, Sohn einer Dresdnerin und eines Syrers, eröffnet worden, die hier für etwa zwei Monate stehen sollte: Auf dem Neumarkt ragten drei ausrangierte Omnibusse hochkant vor der Frauenkirche auf, eine Assoziation zu einem entsprechenden, vorher als Symbol für die humanitäre Katastrophe des syrischen Bürgerkrieges um die ganze Welt gegangenen Bild: In Aleppo waren drei Linienbus-Wracks ebenso aufgebaut gewesen – als Deckung vor Scharfschützen. Halbouni wollte die Installation als Erinnerung an den Frieden verstanden wissen, »in dem wir Dresdner leben«. Aber der Dresdner Oberbürgermeister Hilbert wurde von einer kleinen lautstarken Menge rücksichtslos ausgepfiffen, und so wurde Halbounis Werk auch eine Erinnerung an den Unfrieden, in dem Dresden lebt.

Ein paar Tage danach habe ich eine Stunde damit verbracht, mir die *Facebook*-Kommentare dazu auf Halbounis Seite anzusehen, darunter diese Äußerungen, die Menschen aller Art dem Künstler und anderen in der Gemeinschaft anwesenden Zeitgenossen an die Köpfe warfen:

- Toll gemacht du nichtsnutz. Du bist ein vollidiot und ein rücksichtsloses stücke scheisse.
- du erbärmlicher Vollidiot
- Terroristenhelfer – Bastard – krankes Hirn – Volksverräter – Kleines Würstchen
- Nur ein Wort habe ich für Sie übrig, ich spucke es aus vor Ihnen: #remigration.
- Mit so was wie dir ärger ich mich Rum scheiß leben dir du Birne
- Scheiß Moslems – Speichellecker – Schandobjekt
- Räume die Scheiße weg Du Möchtegern Künstler. Dresden bleibt sauber.
- Weg mit dem DRECK – Oberpappnase – Bescheuertes Pack – Nur Scheiße im Kopf – Ekelerregend – Erbsenhirn
- Hier ist Deutschland und nicht Idiotenhausen.
- Geht heulen – Geht sterben!
- Rechtsradikale Gesäßvioline – Faschistische Gesäßvioline – Rechter Idiot – Brauner Herrenkasper – Hirnlose Schwachmaten – Vollpfosten

– Linke Arschlöcher – Pädophile – Teddybärwerfer
– Frechheit was man sich hier in unserem Land erlaubt. Ohne das Volk zu fragen. Frechheit.

Man könnte lange so weitermachen, aber nach einer Stunde war ich erledigt, es war einfach nicht mehr zu ertragen: Wie sich die Leute hier in kurzen oder auch etwas längeren Mitteilungen anschrien, wie niemand auch nur im Geringsten an der Meinung des anderen interessiert war, wie es hier nicht auch nur das kleinste bisschen Austausch gab.

Nur pure Wut.

Andererseits: Wen überrascht das noch? Wen kümmert es ernsthaft?

Man hat sich längst daran gewöhnt, in Dresden sowieso. Kaum eine Stadt in Deutschland dürfte so gespalten sein in die einen und die anderen und dann noch die Dritten, die einfach sprachlos sind. Und natürlich: ratlos, weil man einfach nicht weiß, was zu tun wäre.

~

»Es kümmert viele«, sagt mein Freund. »Das ist es doch: Es kümmert viele, es bekümmert viele. Sie wissen nur nicht, was man tun soll.«

»Das stimmt«, sage ich. »Man sieht machtlos und entgeistert und wütend zu. Das stimmt.«

Seit einigen Jahren habe ich eine eigene Facebook-Seite, eine gute Möglichkeit für einen Autor, mit seinen Lesern in Kontakt zu treten. Ich kann auf neue Bücher hinweisen und auf Lesungstermine, auf die aktuellste meiner Kolumnen, kann mich mit Leserpost beschäftigen, alles gut und schön.

Manchmal kommentieren dort Menschen das, was ich geschrieben habe. Einmal zum Beispiel meldete sich ein Herr, der einen Namen trug, der mir bekannt vorkam, allerdings nicht, weil ich jemanden dieses Namens persönlich zu kennen glaubte, sondern aus den Geschichtsbüchern: Er hatte sich nach einem Politiker und Feldherrn aus dem achten Jahrhundert benannt, der durch einen Sieg über die Araber berühmt geworden war und später zum Retter des christlichen Abendlandes stilisiert wurde.

Wir stritten uns ein wenig über eine Kolumne, die ich geschrieben hatte, aber bald hörte ich auf zu antworten, einfach, weil ich keine Lust hatte und habe, mit Leuten zu diskutieren, die sich hinter einem Pseudonym verbergen, warum auch immer. Ich finde, wer andere Leute kritisiert, sie attackiert, wer sich an der politischen Debatte eines Landes beteiligt, der hat bei uns keinen Grund, seinen Namen oder sein Gesicht zu verbergen. (Absurder ist nur noch, wenn Leute im Schutze solcher Anonymität ein Burka-Verbot fordern, aber das nur nebenbei.)

Die Tarnung hinter einem erfundenen Namen verführt Menschen ganz offenbar dazu, Dinge zu tun, die sie sonst nicht tun würden, andere zu beleidigen, zu verleumden und ihnen jeden Respekt zu verweigern. (Ich spreche jetzt übrigens wieder allgemein, nicht von meinem kurzzeitigen Facebook-Diskussionspartner, der war so unvernünftig nicht.) Zwar gibt es mittlerweile auch jede Menge Leute, die bei Nennung ihres richtigen Namens so handeln, aber das macht die Sache ja nicht besser, im Gegenteil, es zeigt nur: Weil wir all diese Beleidigungen, Verleumdungen, Bedrohungen und In-den-Dreck-Ziehungen zu lange hingenommen und geduldet haben, ist ein Gewöhnungseffekt eingetreten, Menschen halten das alles für normal (was es ja sogar ist), und plötzlich halten sie es auch für normal, mit offenem Visier andere zu beleidigen und zu verleumden, zu bedrohen und in den Dreck zu ziehen.

Jedenfalls kann ich einfach nicht verstehen, wie es möglich ist, dass Mark Zuckerberg, der Gründer und Hauptanteilseigner Facebooks, sich selbst immer wieder als Menschenfreund und Visionär eines besseren Lebens feiert und feiern lässt, während seine eigene Firma sich geradezu schamlos dazu benutzen lässt, die Grundlagen unseres Zusammenlebens zu unterminieren, um es mal ganz zugespitzt zu sagen. Denn Facebook gehört zu den weltweiten Unternehmen, die ihre Möglichkeiten bestens kennen, Steuern zu sparen; gleichzeitig landen immer größere Teile der Werbeeinnahmen, mit denen früher seriöser Journalismus finanziert werden konnte, bei dieser Firma; und ebenso gleichzeitig konnte man auf ihren Seiten 2017, zum Beispiel, live verfolgen, wie vier junge Männer einen geistig Behinderten in Chicago misshandelten, in einer Facebook-Gruppe verfolgten die Nutzer die Vergewaltigung einer Frau in Uppsala, ein Mann in Cleveland postete das Video eines Mordes, den er begangen hatte.

Von Tierquälereien, Terrorpropaganda, antisemitischer Hetze und Was-weiß-ich-noch-allem jetzt mal abgesehen.

Ein anderes Beispiel: Fast jeder Deutsche kannte, zumindest im Jahr 2015, das Foto, das den syrischen Flüchtling Anas Modamani zusammen mit der Bundeskanzlerin Angela Merkel zeigt, beide gemeinsam posierend für ein Selfie. Dieses Foto wurde von radikalen Hetzern immer wieder für ihre Zwecke benutzt. Sie montierten es zusammen mit den Fotos von Terroristen, sie behaupteten, Modamani sei der Attentäter von Brüssel, Ansbach, Berlin, sie behaupteten, er habe mit anderen Flüchtlingen versucht, einen Obdachlosen anzuzünden.

Alles erlogen.

Trotzdem standen die Fotomontagen weiter auf Facebook, und das Landgericht Würzburg lehnte einen Antrag des Betroffenen auf einstweilige Verfügung ab, der Facebook verpflichten sollte, diese Bilder von sich aus zu suchen und zu löschen, also nicht nur auf eine jeweilige Beschwerde hin. Worauf Modamani auf weitere rechtliche Schritte verzichtete – warum? Sein Anwalt hatte schon vorher angekündigt, ihn nicht weiter zu vertreten, weil er und seine Familie wiederholt bedroht worden waren. Modamani selbst wies darauf hin, dass ihm das finanzielle Risiko, erneut zu unterliegen, zu groß sei. (Dabei hätte er in einem weiteren Prozess womöglich gute Aussichten gehabt.) Und er sagte: »Ich möchte mich auf meine Deutschprüfungen konzentrieren. Außerdem ist der Prozess gefährlich für meine Familie in Syrien und in Deutschland.«

Ich bin kein Jurist, kann also den Vorgang aus rechtlicher Sicht nicht beurteilen. Ich bin auch kein Techniker, kann also ebenfalls nicht sagen, ob es der Firma möglich wäre, die betreffenden Bilder auf den Facebook-Seiten überhaupt aufzuspüren und dann zu beseitigen; die Anwälte von Facebook sagten, das sei nicht möglich. Es gibt allerdings eine Menge Leute, die darauf hinweisen, das Unternehmen habe selbst zum Beispiel einen Algorithmus entwickelt, mit dem es Fotos pornografischen Inhalts sogar schon vor der Veröffentlichung ausfindig machen und so das Hochladen zu verhindern in der Lage sei.

Da müsste es ein Leichtes sein, die genannten Fotomontagen von Anas Modamani aufzutreiben.

Im Übrigen kann es doch nicht unsere Sache sein, sich Gedanken darüber zu machen, wie der Müll, der via Facebook in der Welt ausgekippt wird, wieder verschwindet. Er muss weg, das sollte so selbstverständlich sein wie: Natürlich muss der den Dreck wegschaffen, der ihn abgeladen hat.

Fest steht: Je mehr Likes und Kommentare eines dieser Bilder bekommt, desto stärker wird es verbreitet, das ist ja das Facebook-Prinzip: Was viele mögen, das wird immer noch weiter gestreut, damit es noch mehr mögen und es noch weiter verteilt wird. Zwei Autoren eines Leitartikels in der *Frankfurter Allgemeinen Sonntagszeitung* haben dafür ein sehr treffendes Bild gefunden: »Man stelle sich vor, Facebook würde in einer Stadt Litfaßsäulen aufstellen, auf denen jede Privatperson ihre Nachrichten kleben dürfte. Und immer dann, wenn dort besonders drastische Botschaften stehen, würde Facebook die Säule mitsamt der Botschaft automatisch vervielfältigen. Je drastischer die Nachricht, desto mehr Leute stehen davor; und je mehr Litfaßsäulen, desto mehr Leute kommen in die Stadt.«

Wie gesagt, ich bin weder Jurist noch Software-Ingenieur. Ich denke aber, jeder verständige Mensch müsste doch die Frage stellen, warum es dem Unternehmen nicht wenigstens entsetzlich peinlich ist, dass auf seinen Seiten Menschen in einer solchen Art und Weise behandelt werden, warum es nicht von sich aus alles daransetzt, das zu verhindern, warum es nicht selbst auf jede ihm nur mögliche Weise gegen die endlosen Kaskaden von Dreck und Lüge vorgeht, die Tag für Tag auf seinen Seiten erscheinen. Warum nicht wenigstens jede zweite Rede Mark Zuckerbergs davon handelt, dass er dies beenden möchte und was er dagegen zu unternehmen gedenkt.

Die Antwort wäre wahrscheinlich, dass man dies aus geschäftlichem Interesse nicht tut. Denn jeder Facebook-Nutzer bedeutet Geld für die Firma, er erhöht deren Wert, er bringt Geld durch Werbeeinnahmen. Facebook ist auf unaufhörliches Wachstum ausgerichtet, es muss die Menschen an sich binden und immer neue für sich gewinnen – und das ist auch gar nicht so schwer: Wir sind Gemeinschaftswesen, wir brauchen die Zuwendung und das Interesse anderer, und dieses Bedürfnis nutzt Facebook wie alle anderen sozialen Netze für sich, es organisiert einen permanenten Wettbewerb um *Likes*, um die *Gefällt mir*-Zeichen unter jedem Beitrag, eine Konkurrenz, der man sich nur schwer entziehen kann.

»All diese Plattformen bringen ihre Nutzer dazu zu *performen*«, sagt Elizabeth Joh, eine Professorin an der *Uni-*

versity of California, was bedeutet, dass sich jeder hier inszeniert, so gut es geht. Weil die Aufmerksamkeit der anderen begrenzt ist, muss er sich mühen. »Man ertappt sich dabei, sein Leben zu inszenieren, der Schauspieler seines Ichs zu werden, um im Wettbewerb um Likes weiterzukommen«, schrieb der Journalist Jörg Häntzschel in der *Süddeutschen Zeitung*. »Aufgehübschte Selbstporträts, Selfies mit Prominenten, die man getroffen, oder vor spektakulären Orten, die man besucht hat, sind der Anfang. Der nächste logische Schritt sind selbst gemachte Pornobildchen, Videos von Stunts und Gags.«

Oder das hier: Auf *Youtube* werden mittlerweile sogenannte *Pranks* milliardenfach angeklickt, Streiche, die oft bewusst ahnungslosen Bekannten oder ganz Fremden gespielt werden und die, weil die Konkurrenz hart ist, immer roher werden, auch respektloser vor Person und Intimsphäre anderer. Dies tun professionelle *Prankster*, die damit Geld verdienen, aber natürlich eifern ihnen Jugendliche und Kinder nach. Bei den Profis gipfelte die Sache 2017 in einem Film, in dem einem Ahnungslosen ein Massaker an seinen Cousins und Cousinen vorgetäuscht wurde. Und in Michigan brachte sich ein Elfjähriger um, nachdem ihm seine Freundin in einem sozialen Netzwerk ihren Selbstmord täuschend echt vorgespielt hatte.

Wie tief werden wir noch sinken?

Und, um auf den Fall Modamani zurückzukommen:

Warum hat es bis ins Jahr 2017 gedauert, dass der deutsche Gesetzgeber Maßnahmen zu ergreifen begann, um zu verhindern, was Anas Modamani passiert ist und vielen anderen in vergleichbarer Weise auch? Warum ist jede deutsche Zeitung für den Inhalt jedes Leserbriefs, der auf ihren Seiten erscheint, rechtlich verantwortlich, falls darin unwahre Tatsachen behauptet werden, Facebook aber in vergleichbarer Weise nicht? Warum nehmen wir es eigentlich so stumm hin, dass ein großer Teil unserer sozialmedialen Infrastruktur an eine weitgehend gesichtslose und undurchschaubare Firma ausgelagert ist, deren Manager, Strukturen, Abläufe kaum jemand kennt? Warum wissen wir so viel über Volkswagen, Siemens und unsere Banken, aber fast nichts über Facebook?

Sind wir verrückt geworden, dass wir das so lange akzeptiert haben?

Und warum begann Facebook erst so spät, wenigstens den Versuch zu machen, den gröbsten Schmutz auf seinen Seiten, die live übertragenen Suizide und Quälereien von Menschen und Tieren, zu beseitigen, und warum müssen diese Aufgabe immer noch schlecht bezahlte und kaum gegen die extremen psychischen Belastungen ihrer Arbeit geschützte Mitarbeiter tun? Warum richten sie dort nicht etwas von der Energie, mit der sie die Technik des Unternehmens beschleunigen und optimieren, auf die Beseitigung des Drecks auf ihren eigenen Seiten?

Die Antwort würde wahrscheinlich lauten, dass gesellschaftlicher und politischer Druck erst so spät einsetzten, dass ohne diesen nur wenig geschehen wäre, und dass es in einem freiheitlichen Land ein bisschen dauert, bis man sich entschließen kann, Freiheiten einzuschränken. Und dass wir es bei den sozialen Medien mit einer fundamentalen Veränderung der Welt, wie wir sie kennen, zu tun haben; man benötigt auch Zeit, um erst einmal zu verstehen, was da eigentlich geschieht und wie man damit umgehen muss.

Aber unser Thema sind nicht Gesetze, unser Thema ist unser Zusammenleben da, wo es eben nicht durch Gesetze geregelt wird, sondern durch das Verhalten jedes Einzelnen. Es geht um Rücksicht und Sich-zurück-Nehmen, um ungeschriebene Regeln, die man sich selbst gibt, um die Kontrolle unserer Steinzeitimpulse, um so etwas wie Wachsamkeit dem Tier in uns gegenüber sozusagen. Das kann man als Anspruch an sich selbst empfinden und sollte es auch: Jeder Staatsbürger muss schon selbst den Versuch machen, zwischen Wahrheit und Lüge zu trennen.

Im März 2017 gab der amerikanische Politikprofessor Robert Kelly der BBC via *Skype* ein Interview zur Amtsenthebung der südkoreanischen Präsidentin Park Geun-hye, ein Thema, das damals gerade aktuell war und von dem Kelly einiges versteht. Er lebt nämlich mit seiner Familie in der südkoreanischen Stadt Busan.

Das Video von diesem Gespräch wurde damals binnen kürzester Zeit legendär und Kelly für ebenfalls kürzeste Zeit weltberühmt, aber nicht, weil er so überaus kluge Sachen gesagt hätte, sondern weil sich mitten in diesem Gespräch, das live übertragen wurde, plötzlich die Tür öffnete und seine vier Jahre alte Tochter Marion ins Arbeitszimmer stürmte. Sie baute sich neben dem Vater vor der Kamera auf. Kelly saß nämlich im Arbeitszimmer seiner Wohnung, *home-office* nennt das der moderne Mensch, wenn er von daheim arbeitet. Kaum war Marion da, erschien auch der acht Monate alte James im Raum, er brauste mit Karacho um die Ecke, in einem dieser rollenden vierrädrigen Kinder-Sitz-Steh-Wägelchen mit Tisch vor dem Bauch. Irgendwie versuchte Kelly das Gespräch trotzdem weiter zu führen, was nicht wirklich gut, aber dennoch irgendwie gelang. Denn James folgte eine junge Frau, die beide Kinder packte und – so eilig wie verzweifelt – wieder aus dem Zimmer bugsierte: Es handelte sich um Kellys koreanische Frau Jung-a.

Dies alles: ein drastischer Einbruch familiärer Wirklichkeit in einen völlig anderen Zusammenhang.

Innerhalb von vier Tagen sahen etwa 85 Millionen

Menschen das Video weltweit allein auf der Facebook-Seite von BBC, darunter auch ich.

Es war irre komisch.

Aber wirklich interessant waren die Tausende von Kommentaren, die bei Facebook unter dem Video standen und deren erste natürlich alle erst mal so ähnlich lauteten: dass es eben irre komisch sei.

Dann aber schrieb jemand, er finde besonders lustig, wie dieses Kindermädchen da um die Ecke schlittere und die beiden Kleinen wieder einsammle, und nun ging das in etwa so weiter, wie ich es jetzt schildere (ich grabsche mal hinein in die Zehntausende von Kommentaren und versuche die Atmosphäre der Debatte zu erfassen):

– Kindermädchen?
– Warum glaubst du, es handelt sich um das Kindermädchen? Weil sie asiatisch aussieht? Wärst du auch auf den Gedanken gekommen, es könnte sich um das Kindermädchen handeln, wenn sie kaukasische Gesichtszüge hätte? Sie ist seine Frau!
– Ich hoffe, das Kindermädchen verliert deswegen jetzt nicht den Job.
– Es ist nicht das Kindermädchen, es ist seine Frau, kann man leicht rausfinden.
– Wahrscheinlich ist es der Babysitter.
– Er hätte ja auch einfach die Tür abschließen können.

– Es ist seine Frau.
– Keine Mutter würde mit ihren Kindern so umgehen.
– Dieses Kindermädchen ist bestimmt schon rausgeflogen.
– Warum Kindermädchen? Oh, weil sie Asiatin ist!!!
– Liebe Rassisten, es ist die Mutter, nicht das Kindermädchen.
– Ich bin Asiatin und mein asiatischer Freund hat eine Kaukasierin geheiratet. Sie haben Kinder. Und er wird immer wie die Nanny behandelt. Rassisten können wirklich deine Gefühle verletzen.
– Ich wette, er schmeißt die Nanny raus.
– So viele Rassisten hier! Ihr zeigt alle eure wahre Gesinnung mit der Vermutung, dass die Mutter das Kindermädchen ist, das basiert doch nur auf der Hautfarbe. Weil, es gibt keine andere Information, deshalb haltet ihr sie ihrer Hautfarbe wegen für das Kindermädchen.
– Ja, was kann man schon erwarten von den Nationen mit Donald Trump und Brexit!
– Das Kindermädchen da, wie sie um die Ecke kommt, LOL.
– Piss off!

So geht das weiter und weiter und weiter, und irgendwann bemängelt jemand, der Vater habe das Kind mit dem Arm aus dem Bild schieben wollen, das sei ja geradezu gewalttätig, und dann erwähnt noch einer das Wort *oriental*, und schon ist eine andere da, die sagt, *oriental* sei, was Menschen angehe, eine Beleidigung.

- Nein, sei es nicht, sagt der Nächste.
- Doch, sei es. *Oriental* sei vielleicht ein Teppich oder ein Essen, aber doch nie ein Mensch, da sei *Asian* das richtige Wort.
- Da sieht man, warum die Sozialbehörden so überlastet sind!, ruft jemand anders, die Leute machten etwas aus nichts. Es gibt Kinder, die wirklich missbraucht und vernachlässigt sind, und dann beschäftigen sich die Leute mit so was hier ... Sucht euch was, das wirklich eurer Aufmerksamkeit wert ist, aber hört auf, gute Eltern mit so einem Riesenmüll zu überschütten!

Das geht über Tage so, es hat praktisch nichts mehr mit Robert Kelly, seiner Frau, seinen Kindern und der BBC zu tun. Man kann das entsetzlich enervierend finden, das ist es ja auch, denn es kostet nun mal Nerven, wenn die Leute durcheinanderreden.

Andererseits finde ich: Man lernt eine ganze Menge.

Man lernt, wie Menschen sich freuen, wenn auch anderswo mal etwas nicht klappt: weil es sie von dem

Druck entlastet, immer alles gut machen zu müssen. Sie sehen, dass Dinge einfach bisweilen schieflaufen, dass das aber nicht so schlimm ist, sondern nur saukomisch.

Man lernt auch, dass Menschen ihre Probleme aus ganz anderen Zusammenhängen so lange mit sich herumschleppen, bis sie irgendwo einen Ort finden, an dem sie diese Probleme ablegen können. Jemand ist vielleicht anderswo in einer rassistischen Weise verletzt worden, nun sieht er, dass eine Frau »Nanny« genannt wird, die aber nun mal gar keine »Nanny« ist, sondern die Mutter der Kinder. Und er hat das Gefühl, dies sei geschehen, weil die Frau asiatisch aussieht, und das findet er rassistisch, weil es ja bedeuten würde, dass die Frau nur aufgrund ihrer Äußerlichkeiten beurteilt und eingestuft worden ist.

Nun ja, könnte man sagen, der Nanny-Sager wird es schon nicht so gemeint haben, außerdem sind da, wo er wohnt, vielleicht tatsächlich gerade alle Kindermädchen Asiatinnen, daher bezieht er sein Urteil. Es ist seine Wirklichkeit. Nicht jeder hat diesen großen gesamtgesellschaftlichen Überblick, deshalb ist er nicht gleich ein Rassist.

Nebenbei gesagt, frage ich mich manchmal, wieso ausgerechnet die Leute, die sich wegen etwas verletzt fühlen, mit dem sie gar nicht gemeint waren, dann Leute mit dem Rassismus-Vorwurf verletzen, von denen sie nichts wissen und die sie gar nicht kennen.

Und darüber hinaus ist es ja ein durchaus ehrenwerter Beruf, Kindermädchen zu sein. Muss man nicht gleich mit der Rassismus-Keule kommen, oder?

Tun die Leute aber. Warum?

Weil wir, ich sag's schon wieder, in einer komplizierten Welt leben, in der im Riesenraum des Internets und der Globalisierung dauernd Dinge zusammenstoßen, die andernfalls irgendwie *easy* aneinander vorbeischweben würden. Und weil es eben ein Unterschied ist, ob man sich gegenübersitzt und sich die Dinge ins Gesicht sagen muss oder man über seine Computertastatur gebeugt mal eben etwas in den Raum hinausströtet und dann Kaffee kochen geht und die Sache vergisst, während der andere einen Eisbeutel auf die Beule legt, die ihm mit der erwähnten Rassismus-Keule geschlagen worden ist, oder wutschäumend eine Antwort verfasst, die der Erste aber schon gar nicht mehr liest, weil er, wie gesagt, Kaffee kocht und dann seine Mutter anrufen muss. Und aus dem Baumarkt muss er ja auch noch was besorgen.

Der Zwischenton, das Differenzierte, die Nuance, das alles ist nichts, was in der digitalen Welt besonders ausgeprägt wäre. Hier geht es immer um 0 oder 1, hier wird's sofort schroff, und die Schatten sind hart.

»Auf eine Art hat es ja auch was Gutes«, sagt mein Freund, »dass man heutzutage, über Facebook zum Beispiel, auch mal eine nähere Information bekommt über den hohen Prozentsatz an Verwirrten, Verstörten, Chaoten, Spinnern, Narren, Idioten, Volldeppen und Obskuranten in unserer Gesellschaft. Man hat das ja früher gar nicht so gewusst, und dann vergisst man es auch immer wieder. Wo waren bloß all diese Leute, bevor es das Internet gab?«

»Vermutlich gab es nie mehr Vernunft und mehr vernünftige Leute auf der Welt als jetzt«, sage ich. »Und es gab auch nie mehr Möglichkeiten, sich Gehör zu verschaffen. Übrigens würde ich da nicht von Unvernünftigen und Verwirrten, Spinnern und Narren reden, das verstellt einem doch nur den Weg für jedes Verständnis. Das Problem ist nur: Auf der anderen Seite ist die Gefahr groß, dass dieser Umgangston stilbildend wird. Dass man sieht, was alles so erlaubt ist, und dass dann auch andere so weit gehen. Zumal dann, und zwar in vorderster Linie, professionelle Lügenbolde und Provokateure mitmischen, denen es nur zu gut in den Kram passt, wenn in unserer Gesellschaft jedes Gefühl für einen anständigen Umgangston schwindet. Viel eher muss es anders herum sein: Wir müssen die Neugier auf andere, den Austausch und das nicht von Angst geprägte Gespräch ins Internet bringen.«

»Ausgesprochen unzivilisierte Gegend, dieses Internet«, sagt mein Freund. »Um es mal vorsichtig auszudrücken. Timothy Garton Ash, der Historiker, hat es sogar ›die größte Kloake der Menschheitsgeschichte‹ genannt.«

»Okay, auch das, meinetwegen. Aber das klingt nun wieder so nach diesen folgenlosen Anti-Internet-Zornesausbrüchen, die es heute schon in Romanform gibt. Hast du mal *Ich hasse dieses Internet* von Jarett Kobek gelesen, zum Beispiel?«

»Nein.«

»Dann lass es! Bringt dich nicht weiter.«

»Aber du hattest vorhin die Frage aufgeworfen, ob es nicht besser wäre, moralisch gesehen, bei Facebook nicht mitzumachen.«

»Das kann man doch nicht ernsthaft fragen«, sage ich. »Facebook hat weltweit mehr als zwei Milliarden Nutzer. Es würde nichts ändern, wenn ich nicht mehr dabei wäre, aber vielleicht ändert es ein bisschen was, wenn ich dazugehöre. Denn es gibt hier auch eine ganze Menge Leute, die interessante Debatten führen, die sich tatsächlich austauschen und etwas dazulernen wollen. Außerdem sind wir hier schon sehr nah an einem möglichen Kern unseres Themas: Man sollte sich eben nicht distanzieren, sondern teilnehmen und teilhaben, weil es hier schließlich um unsere Gesellschaft geht und darum, dass sie nicht abdriftet in etwas, das wir nicht wollen. Die Wahrheit ist: Das Internet ist eine großartige Erfindung mit dem Wissen, das allen zur Verfügung steht, mit der Schnelligkeit seiner Verbindungen. Was wäre Alexej Nawalny ohne die Möglichkeiten von *Youtube*, wo er Putins Korruptionssystem immer wieder enthüllt und angeprangert hat?«

»Ist übrigens andererseits auch keine besonders neue Erkenntnis, dass der Mensch seinen eigenen Fähigkeiten bisweilen moralisch hinterherläuft, oder?«, sagt mein Freund. »Das war bei vielen seiner Entdeckungen so. Auch im Wilden Westen oder bei der Industrialisierung ging es erst mal nicht besonders zivil zu, das kam erst später. Und wenn man wohlwollend sein will, in puncto Facebook zum Beispiel, dann muss man wohl sagen, dass sie dort selbst lange nicht kapierten, was sie ausgelöst haben.«

»Und das hier ist ebenfalls keine neue, aber doch immer wieder verblüffende Erkenntnis: Der Mensch kann etwas Großartiges schaffen, hält aber mit der technischen Entwicklung nicht richtig Schritt.«

»Man redet durcheinander wie in einer Affenhorde.«

»Affen reden nicht.«

»Außerdem geht es bei ihnen vermutlich geordneter

zu. Da gibt es wenigstens einen Chef, der Ansagen macht, auch wenn es ein Affe ist.«

»Irgendwo habe ich übrigens mal ein Interview mit jemandem gelesen, der wirklich etwas von der Sache verstand«, sage ich. »Der sagte: Immer, wenn neue Medien in der Geschichte des Menschen aufträten, gebe es eine chaotische Phase, danach beginne ein Zivilisierungsprozess, und die Sache verlaufe dann in besser geordneten Bahnen, so sei es nach der Erfindung der Drucktechnik auch gewesen. Die Menschheit muss ihre eigenen Erfindungen immer erst moralisch in den Griff kriegen, sozusagen.«

»So langsam könnten wir mal anfangen damit.«

»Was heißt hier: anfangen?!«, rufe ich. »Es geht nicht um Anfangen oder Nicht-Anfangen! Es geht viel eher darum zu verstehen, dass der Mensch ständig wachsam sein muss, sich selbst gegenüber. Dass da etwas ist, was er immer neu unter Kontrolle bringen muss und nie wirklich und ganz und gar unter Kontrolle bringen kann. Du kennst sicher das berühmte Buch von Norbert Elias: *Über den Prozess der Zivilisation*. Dieser Prozess hört eben nie auf, man steht immerzu vor neuen Herausforderungen. Hat Elias nicht im Prinzip genau das geschrieben? Dass der Mensch im Laufe des zivilisatorischen Fortschritts seine Impulse immer mehr kontrolliert, weil er abhängiger von anderen wird und deshalb lernt, die Rückwirkungen seines Handelns zu bedenken? Dass aber dieser Prozess zwar eine Richtung kennt, aber nicht unaufhaltsam ist, sondern Rückschritte kennt, Schübe von Zivilisationsverlusten?«

»Ich erinnere mich dunkel, an Elias' Buch, meine ich«, sagt mein Freund. »Und du meinst, einer solchen Entzivilisierung sehen wir uns jetzt gegenüber?«

Noch mal zurück zu Halbouni, dem Dresdner Bus-Künstler, und diesem Abkotzen auf seiner Seite, ja, wie soll man es denn anders nennen, es ist doch ein einziges großes Fluchen und Verwünschen.

Es gibt eine These, die man die Stammtisch-These nennen könnte, man hört sie immer wieder: Die Leute waren schon immer so, bloß haben wir es früher nicht mitbekommen. Sie saßen in ihrer Kneipe, Männer natürlich fast nur, rauchten, tranken, redeten, schrien, steigerten sich rein und steigerten sich vielleicht auch wieder raus, jedenfalls: Man hörte da lieber nicht zu, und es war ja auch niemand da, der zuhörte, außer denen, die eben da waren. Die Autorin Jana Hensel hat in der *Zeit* mal geschrieben, sie möge diesen Gedanken, »der nicht das Ganze erklären will und kann, aber der sich in seinem Grund um Kommunikation dreht, um Reden. Miteinander oder allein, also so, dass zwar einer neben einem sitzt, aber ob der zuhört, ist beim letzten Bier schließlich auch egal.«

Heute gibt es nicht mehr so viele Kneipen, dafür gibt es Facebook, und da liest die Welt mit. Dabei könnte man es natürlich belassen, und vielleicht wäre das gar nicht so falsch. Die Erkenntnis, dass man es bei diesen Pöbeleien nicht mit etwas grundsätzlich Neuem in der Menschheitsgeschichte zu tun hat, ist erst einmal ganz beruhigend, und noch entspannender dürfte das Wissen sein, dass hier nicht ganz Dresden und sowieso schon gar nicht ganz Deutschland krakeelt.

»Insgesamt verfassen nur sieben Prozent der Befragten häufig Beiträge in Meinungsforen«, sagt der Kommunikationswissenschaftler Oliver Quiring über eine an seinem Institut an der Universität Mainz entstandene Studie zu diesem Thema, »über neunzig Prozent nutzen niemals oder selten Twitter oder Facebook, um eine Nachricht zu kommentieren. Das heißt, eine kleine Minderheit bestimmt in den sozialen Medien den Diskurs. Teilweise sind das Leute, die schlicht Spaß an der Provokation haben. Die wollen nur spielen.«

~

»Das deckt sich mit der persönlichen Lebenserfahrung«, sagt mein Freund. »Ich kenne nur wenige, die

Nachrichten im Internet mit ihren Kommentaren versehen.«

»Die meisten«, sage ich, »würden es als das sehen, was es ist: Zeitverschwendung. Aber diese sogenannten *Trolle*, die in ihrem Leben nichts Besseres zu tun haben, als sich irgendwo in einem Online-Forum zu Wort zu melden und die anderen dort zu provozieren, die wollen nur spielen, tja.«

»Die Frage ist doch«, sagt mein Freund. »Wollen wir mit uns spielen lassen?«

Don't feed the trolls, hieß es immer im Internet, *gib den Trollen nichts zu fressen*. Ignoriere sie einfach, dann sind sie irgendwann weg.

Dazu zwei Sätze aus einem Interview der *Welt* mit Jimmy Wales, dem Gründer von *Wikipedia*.

»Das *(also, den Trollen nichts zu fressen zu geben, Anm. d. Verf.)* fällt schwer, wenn die Trolle inzwischen Staatsoberhäupter sind, oder?«, lautete eine Frage.

Wales antwortete lachend: »Das ist wahr! Genau das ist das Problem.«

Andererseits ist Facebook eben kein Stammtisch. Die Kommentare, von denen wir reden, verschwinden nicht im Kneipenrauch, sondern stehen auf der Seite des

Künstlers Halbouni, wie überhaupt Debatten in den sozialen Medien nun eben anders sind als anderswo. Hier richtet sich jeder Diskussionsbeitrag nicht nur an den Diskussionspartner, sondern immer auch an das Publikum und die eigenen Freunde, von denen man hofft, dass sie einem ein paar *likes* spenden, und hier teilen manche eine Nachricht nicht deswegen, weil sie die für wahr halten, »sondern weil sie zeigen wollen, dass sie ein gutes Mitglied der Gruppe sind«, wie der Blogger und Kolumnist Sascha Lobo einmal gesagt hat: Es gehe da sozusagen weniger um den Wahrheitsgehalt einer Information, sondern um deren soziale Funktion; darum, dass Menschen immer irgendwo dazugehören wollen. Noch ein weiterer Gedanke: Was man in diesen Medien schreibt, verfasst man nicht in Anwesenheit oder gegenüber von jemand anderem, sondern in einem ganz anderen Raum, auf der Couch, irgendwo im Zug oder wasweißichwo, es kommt aus einem privaten und gar nicht zur Kommunikation gedachten Raum in die größte nur denkbare Öffentlichkeit. Die Leute quatschen vom Sofa aus in Jogginghose (jedenfalls nehmen wir das mal zu ihren Gunsten an, es könnten ja noch ganz andere Orte und Kleidungsstücke sein) mit der ganzen Welt – und wenn *das* nicht die Tonlage unseres Zusammenlebens verändert, dann weiß ich auch nicht …

Der Müll aber liegt, um bei Halbouni zu bleiben, vor seiner Tür und so eben auch in der Öffentlichkeit. Und um es noch mal zu wiederholen: Es ist für unser Zusammenleben nicht ohne Bedeutung, *wo man welche Dinge sagt*. Es ist das eine, ob man für sich alleine, am Küchentisch oder in der Stammkneipe vor sich hin schimpft – das muss man erstens mit sich selbst oder mit den Anwesenden ausmachen, zweitens bleibt es ja eben am Küchentisch oder in der Kneipe, und wird am nächsten Morgen von einem selbst oder der Putzfrau mit dem Feudel rausgeschrubbt.

Aber es ist, wie gesagt, etwas anderes, ob man das in der Öffentlichkeit tut: Weil man nämlich damit dann auch die Öffentlichkeit verändert.

Und das geschieht erst recht, um das noch mal zu erwähnen, wenn ein Mann, der amerikanischer Präsident werden wollte (und es dann leider auch geworden ist), in dieser Öffentlichkeit einen kranken Menschen verhöhnt, wie er es im November 2015 tat. Donald Trump habe jemanden nachgeäfft, »der weniger Privilegien und weniger Macht hat und der sich nicht so gut wehren kann«, sagte Meryl Streep. »Diese Neigung, andere Menschen zu demütigen: wenn eine Person sie vorlebt, die im Rampenlicht steht und über Macht verfügt, findet sie ihren Weg in unseren Alltag, weil dadurch dieses Verhalten für andere Menschen salonfähig wird. Respektlosigkeit führt zu Respektlosigkeit. Gewalt führt zu Gewalt.«

Warum?

Weil Salonfähigkeit ein anderes Wort für Gewöhnung ist, wie erwähnt, und weil diese Gewöhnung eines der größten Probleme überhaupt ist. Denn hier werden Standards des Verhaltens gesetzt: Was wird akzeptiert und was nicht?

In diesem Punkt sind wir übrigens schon weiter, als mancher vielleicht denkt, denn bei aller Freude über den Sieg Emmanuel Macrons bei den französischen Präsidentschaftswahlen 2017 sollte man nicht vergessen, dass ein Drittel der Wähler Marine Le Pen für amtswürdig hielt, die mit der Wahrheit stets ganz nach ihrem persönlichen Bedarf umgeht: eine gewohnheitsmäßige Lügnerin.

Der schon erwähnte Georg Stefan Troller hat zum Beispiel in einem Interview mit der *Zeit* erzählt, wie Madame Le Pen im Frühjahr 2017 die Beteiligung der Franzosen an einem der schlimmsten Verbrechen des Vichy-Regimes leugnete: Im Juli 1942 wurden mehr als 13 000 französische Juden, darunter 4 000 Kinder, in die Radsporthalle unweit des Eiffelturms gebracht, eine Aktion, die als *Rafle du Vélodrome d'Hiver* in die Geschichte einging, die Razzia des Wintervelodroms. Tagelang mussten die Menschen dort ohne Toiletten und mit wenig Nahrung und Wasser ausharren, dann wurden die Erwachsenen (die Kinder erst einen Monat später) nach Auschwitz deportiert und dort ermordet. Le Pen behauptete, die Aktion sei nicht von der französischen Polizei organisiert worden, eine Lüge, wie Troller sagte, der als Österreicher jüdischer Herkunft über die Tschechoslowakei und Frankreich in die USA fliehen musste.

Er sei da gewesen, sagte Troller, »ich weiß es«.

Ganz anderes Beispiel: Der Blogger und Kolumnist Sascha Lobo hat in Berlin auf dem Kongress *re:publica 2017* in einer Rede erzählt, wie er nach einer Kolumne auf *Spiegel online*, in der es um die Rettung von Flüchtlingen auf dem Mittelmeer ging, eine Mail erhielt, in der es unter anderem hieß (Schreibfehler stammen, wie immer in diesen Fällen, vom Verfasser der Mail): »... so ein krankes und entartetes Stück Scheisse wie dich MUSS (sic!) man vergasen (eigentlich noch viel zu human, aber man ist ja kein Unmensch)! ...« Und gleich darauf: »... kommt Zeit komt Rat kommt Attentat ...« Ich weiß, dass zig Journalisten und Politiker solche Mails nahezu täglich bekommen, das soll ja auch nur ein Beispiel sein, wie Lobo sagte, für eine »gesellschaftliche Gruppe, die zumindest selbst glaubt, dass sie immer wichtiger wird«. Und deshalb glaubt, sich erlauben zu können, was sie sich erlaubt.

Oder, um noch ein weiteres Beispiel zu nehmen, das auch zeigt, wie schnell sich die Dinge wenden können: Der britische Schriftsteller Robert Harris wies 2017 in einem Gespräch mit dem *Spiegel* daraufhin, dass sein Land noch 2012 während der Olympischen Spiele in London »ein Vorzeigeland für Toleranz und Weltoffenheit« gewesen sei. Fünf Jahre später »steht unser Land für Fremdenfeindlichkeit.« Die Boulevardpresse hetze unentwegt gegen »Verräter« und »Saboteure«, und die Premierministerin sage: »Ein Bürger der Welt ist ein Bürger von Nirgendwo«. Was für ihn, Harris, schon fast »den Ruch des Antisemitismus« habe, einen Hass auf alles Internationale, auf Menschen, die angeblich keine Wurzeln hätten; damit hätten schon Hitler und Stalin Stimmung gegen die Juden gemacht.

Im Übrigen sind es nicht immer nur *die anderen*, deren Verhalten sich ändert, weil sich die Maßstäbe verschoben haben, es sind auch wir selbst. Als im Mai 2017 der NATO-Gipfel in Brüssel stattfand, schob sich Donald Trump in einer so abstoßenden Weise ins Bild, wie man es nie gesehen hatte. Von hinten kommend drückte er den montenegrinischen Premierminister Duško Marković wie einen lästigen Zuschauer beiseite, um sich danach in der ersten Reihe das Sakko zu richten und triumphierend das Kinn zu recken, eine Geste, wie sie selbst einem Gorilla-Männchen zu blöd gewesen wäre. Der Satiriker Jan Böhmermann twitterte daraufhin: »… Haha, was für ein debiler, schlecht erzogener Kacktyp.«

Das war natürlich im Wesentlichen exakt, was ich *dachte*. Aber ist es auch das, was man in der Öffentlichkeit dazu *sagen sollte*?

Oder um es anders auszudrücken: Hatte nicht Donald Trump in diesem Moment uns (oder jedenfalls: Jan Böhmermann) schon auf sein Niveau gebracht?

Was ich sagen will: *Kacktyp* heißt auch, ich bin schon unten bei ihm, habe mich auf seine Ebene begeben, in die Welt, in der man Menschen beleidigt, herabwürdigt, verhöhnt, wenn es den eigenen Zwecken dient. Was ich auch sagen will: Ich bin dafür, einen Lügner Lügner zu nennen und einen Rassisten Rassisten und einen Unfähigen unfähig, wenn es bedeutet, die Wahrheit zu sagen.

Aber in die Gosse steigen, zu den anderen?

Man kann es pragmatisch ausdrücken, mit einem Zitat, das immer Mark Twain zugeschrieben wird: *Never argue with stupid people, they will only drag you down to their level and then beat you with experience*, streite dich nie mit dummen Leuten, sie ziehen dich nur auf ihr Niveau herunter und schlagen dich dann mit ihrer Erfahrung. Auf dem Pöbel-Level kennen sie sich einfach besser aus.

Die erwähnte Stammtisch-These bedeutet übrigens vor allem: Der Mensch hat ein tiefes Bedürfnis danach, dass andere ihm zuhören. Er braucht Aufmerksamkeit, er will auch Aufmerksamkeit geben, er kann nur im Austausch mit anderen existieren.

Denn so ist das in der Kneipe oder der Gastwirtschaft, Menschen wollen mit anderen zusammensitzen und wenigstens das Gefühl haben, dass diese anderen zur Kenntnis nehmen, was man zu sagen hat. Diese Sehnsucht nach Aufmerksamkeit ist ein Grundbedürfnis des Menschen. Jedes Kind will die Aufmerksamkeit seiner Eltern. Ein Zweitgeborenes entwickelt sich nicht selten gänzlich anders als das Erstgeborene, weil es nur so sicher sein kann, dass sich die Eltern auch ihm widmen; wäre es genauso wie das ältere Kind, müsste es vielleicht fürchten, weniger im Fokus zu stehen.

Der Mensch möchte wahrgenommen werden, weil er nur über diese Wahrnehmung durch andere ein Gefühl für sich selbst bekommt. Wir sind nichts, wenn wir »auf der Bühne des Bewusstseins der anderen« keine Rolle spielen.

Dieses Zitat stammt aus einem Buch *Ökonomie der Aufmerksamkeit* des Architekten, Philosophen und Ökonomen Georg Franck, das Ende der Neunzigerjahre erschien. »Der Wunsch, im Bewusstsein der anderen eine wichtige Rolle zu spielen«, so Franck, »ist eine anthropologische Konstante.« Alle sozialen Tiere, auch die schon erwähnte Affenhorde, so Franck, verbringen einen großen Teil ihrer Zeit damit, sich gegenseitig zu beobachten.

Worum geht es denn sonst auf Instagram, Facebook, Twitter? Es ist ein dauerndes Sich-gegenseitig-Beobachten. Um es platt und geradeheraus und auch ein bisschen polemisch zu sagen: Mit den sozialen Medien hat die menschliche Primatengruppe nichts prinzipiell Neues entdeckt oder geschaffen, nur eben neue soziale Medien für die ewig gleiche Beschäftigung mit sich selbst, diesmal auf Welt-Ebene.

In dieser wechselseitigen Aufmerksamkeit geht es um die Hierarchie der Gruppe. »Die Seele braucht die Zuwendung ihresgleichen, wie der Leib seine körpereigenen Morphine braucht«, sagt Franck. Und: »Wer keine Aufmerksamkeit bekommt, aber auf alle anderen achten muss, ist die Kreatur am unteren Ende der Hierarchie.« Deshalb sei »Aufmerksamkeit anderer Menschen die unwiderstehlichste aller Drogen«.

Es gab im amerikanischen Wahlkampf 2016 eine Szene, die das auf eine extreme Art verdeutlichte. Donald Trump und Hillary Clinton trafen sich im Oktober zu ihrer zweiten Fernsehdebatte. Jeder der beiden hatte seinen Platz im Studio. Hillary Clinton redete, und plötzlich tauchte hinter ihr Trump auf, er hatte seinen Platz verlassen und tigerte durch die Szenerie, physisch bedrohlich, auf eine animalische Art aggressiv – und vor allem die Aufmerksamkeit von Clinton abziehend: auf sich.

Es war ein Verhalten, das jeden Anstand vermissen

ließ, und es war vielleicht gerade deswegen so erfolgreich. Denn es strahlte rücksichtsloses Machtgebaren aus und das Gefühl: Ich verschaffe mir in jedem Fall die Aufmerksamkeit, die ich will und die ich brauche. Und vor allem darum ging es vielleicht denen, die Trump wählten: die Aufmerksamkeit zu bekommen, die sie wollten, brauchten und vermissten. Damit waren sie bei ihm am Richtigen.

Trump mag ein chronischer Lügner sein, ein Mann, der unfähig zu jeder Art intellektueller Gedankenführung ist, dazu entsetzlich selbstbezogen.

Aber er weiß, wie man es anstellt, dass man nicht zu übersehen ist, und wie man sich Gehör verschafft.

Der 2017 verstorbene polnische, zuletzt in England lehrende Soziologe Zygmunt Bauman zitiert in seinem Essay *Die Angst vor den anderen* eine Fabel Äsops, die von den Hasen und den Fröschen: Darin werden die Hasen von so vielen Raubtieren bedrängt, dass sie schließlich, dieses angstvollen Lebens überdrüssig, beschließen, sich in einem Teich zu ersäufen. Kaum treffen sie an dessen Ufer ein, schrecken sie dort lebende Frösche auf, die in Panik ins Wasser hüpfen. Sie entdecken so, dass es auch Tiere gibt, die sich vor *ihnen* fürchten. Die Moral formuliert ein Hase so: »Es gibt immer noch Unglücklichere, mit deren Lage du nicht tauschen würdest.«

Bauman wendet das auf die gesellschaftliche Lage unserer Zeit an: Die Hasen sind hier die wirtschaftlich an den Rand Gedrängten unserer Zeit, die Frösche die Migranten (Mexikaner und Muslime vielleicht in den USA). Er schreibt: »Für die Ausgestoßenen, die den Eindruck haben, ganz am Boden angekommen zu sein, ist die Entdeckung eines weiteren, noch tieferen Bodens als der, auf den sie selbst gedrückt worden sind, eine seelenrettende Erfahrung, die ihnen ihre menschliche Würde und den Rest an Selbstachtung zurückgibt, der ihnen geblieben sein mag.«

Die Frage, die sich anschließt: Ob es nicht gerade die Hasen sein könnten, die für die Angst der Frösche am meisten Verständnis haben müssten, einfach, weil sie deren Not am besten kennen.

Aber so funktionieren Hasen wohl einfach nicht, jedenfalls nicht in äsopschen Fabeln. (In der Natur sowieso nicht, denn kein Hase hat jemals seinen Frust an einem Frosch ausgelassen, da bin ich – ohne ein großer Hasenkenner zu sein – sicher.)

Und Menschen?

Es ist ja auf der anderen Seite nicht schwer zu belegen, dass alle populistischen Führer unserer Zeit ihren Anhang nicht bloß unter denen finden, die den Anschluss an ein wirtschaftlich auskömmliches Leben tatsächlich schon verloren haben.

Man konnte zum Beispiel vor den Wahlen 2017 in den Niederlanden verfolgen, dass Geert Wilders, der Chef der rechtspopulistischen *Partij voor de Vrijheid*, seine Anhänger durchaus bei den halbwegs gut Situierten hat, die beherrscht waren und sind von der Angst, dass sie schon bald nicht mehr so gut situiert sein könnten. Es geht um etwas anderes, um Angst, die *Angst vor dem Absturz* (*Fear of Falling*, wie die amerikanische Autorin Barbara Ehrenreich das schon 1989 in einem berühmten Buchtitel genannt hat) und um das Gefühl, dass diese Angst nicht wahrgenommen wird, ja, dass sie einfach niemand zur Kenntnis nehmen oder jedenfalls wahrhaben will.

Im März 2017 wurde die Studie einiger Wissenschaftler des Kölner Instituts der deutschen Wirtschaft veröffentlicht, die untersucht hatten, wo eigentlich zu diesem Zeitpunkt die AfD ihre Anhänger rekrutierte. Es stellte sich heraus: Dies geschah nicht etwa unter denen, die ein ökonomisch prekäres Leben führten und vom Wohlstand der Gesellschaft abgehängt waren, nein, die AfD fand Unterstützer in der Mitte der Gesellschaft, sie sei, so hieß es, die »Partei der sich ausgeliefert fühlenden Durchschnittsverdiener«, der Menschen also, die große Angst vor Katastrophen hätten und vor allem das Gefühl, auf die gegenwärtige Politik keinen Einfluss mehr nehmen zu können. Angst bedeutete in diesem Fall Angst vor der Zukunft, und diese Zukunftsfurcht konzentrierte sich vor allem auf einen Punkt: die Zuwanderung aus anderen Ländern, auf Flüchtlinge, Migranten, Einwanderer.

Ohnmacht und Angst, das ist eine Kombination, die sich gegenseitig verstärkt, denn wer Angst hat und gleichzeitig das Gefühl, er könne gegen die Ursachen dieser Angst nichts tun, dessen Angst wird irgendwann beherrschend, sie sucht nach einem Ausdruck. Und übrigens wird diese Ohnmacht ja nicht kleiner dadurch, dass offensichtlich gerade Leute – was wirklich erst einmal schwer verständlich ist – am meisten Angst vor Ausländern haben, die überhaupt keine Ausländer kennen. (Würden sie welche kennenlernen, hätten sie wahrscheinlich nicht mehr so viel Angst.)

Und wie wäre es, nur für einen Moment jetzt erst mal, bitte schön, mit dem Gedanken, dass jeder von uns, mag er diese oder jene Ansicht zu den Dingen des Lebens und der politischen Welt haben, zunächst mal ein Mensch ist, der auch Angst hat vor dem, was da draußen geschieht? Und selbst wenn das nicht so ist, wenn man also aufgrund seiner eigenen psychischen Grundausstattung in der Lage ist, die Welt und ihre Entwicklung ausschließlich positiv und zuversichtlich zu sehen: Ist das ein Grund, sich über andere, denen das nicht gegeben ist, zu erheben? Wäre es nicht viel wichtiger, zu verstehen, dass wir alle im Leben auf sehr ähnliche Weisen zu kämpfen haben, nur mit sehr unterschiedlichen Voraussetzungen und sehr unterschiedlichen Mitteln?

Was ich sagen möchte: Wenn man Angst hat, so jedenfalls meine Erfahrung, ist es erstens sehr nützlich, sich diese Angst einzugestehen, sie nicht wegzuschieben und zu unterdrücken, weil sie sonst nämlich nur noch viel größer und beherrschender wird. Das heißt auch, sie nicht für sich zu behalten, sondern mit anderen zu teilen, zu erfahren, dass sie eine ähnliche Angst haben, dass man also nicht allein damit ist. Zweitens hilft es, den Verstand einzuschalten, soweit das möglich ist (und irgendwann, möglicherweise nicht gleich, aber doch später, ist es meistens möglich). Das bedeutet, Realität ins Spiel zu bringen, sich nicht zu verlieren in der Angst, sondern mit ihr vernünftig umzugehen, damit die Angst nicht zu etwas anderem wird, Hass zum Beispiel, der eine Art Angst-Abfluss ist, ein Gully für unerwünschte und schwer erträgliche Gefühle.

Nehmen wir ein Beispiel. Ich bin oft auf Bahnhöfen unterwegs und in Zügen, also an Orten, an denen viele Fremde sich aufhalten, auch Ausländer, Migranten, Flüchtlinge. Es ist vielleicht ganz nützlich, sich einmal klarzumachen, wie viele widerstreitende Gefühle einem da durch den Kopf gehen. Es ist bisweilen nicht angenehm, um es mal vorsichtig zu sagen; es sind junge Männer dabei, denen man nicht über den Weg traut, man weicht ihnen aus. Man sieht jemand mit einem Rucksack hantieren, hat Bilder eines Anschlags im Kopf. Vielleicht ärgert man sich auch nur über so viel aufdringliche Präsenz, man hätte es gerne anders. Und gleichzeitig zweifelt man an den eigenen Gedanken und Empfindungen. Warum bist du so hysterisch? Warum traust du Menschen, die vielleicht nur anders aussehen und möglicherweise ein schweres Schicksal zu bewältigen haben, so etwas zu? Ist es nicht, moralisch gesehen, vollkommen unangebracht, dass du hier, in all deinem Wohlstand, dich so übermannen lässt von Aversion und Furcht?

»Der Gedanke, sich im eigenen Land fremd zu fühlen, löst eine Urangst aus«, hat Richard Schröder einmal geschrieben, Theologe und Philosoph, der für die SPD in der ersten frei gewählten Volkskammer der DDR 1990 saß und dann im Bundestag. »Diese Urangst ist weder faschistisch noch rassistisch. Sie ist auch nicht unanständig, sondern für unsere absehbare Zukunft unbegründet.« Nur müsse der Staat das eben durch sein Handeln für Zweifler auch glaubhaft sichtbar machen: »Es ist hinreichend Vorsorge getroffen, dass wir nicht Fremdlinge im eigenen Land werden. Also beruhigt euch bitte.«

Was könnte das heißen?

Vielleicht: dass sich keine Politik über diese Angst erheben und über sie hinweggehen sollte. Es bedeutet nicht, dass man politisch dieser Angst folgen müsste, keineswegs. Aber man darf unter keinen Umständen so tun, als gebe es sie nicht oder als sei sie dumm oder rückständig.

Das ist sie nicht.

Sie ist eben da, ist ja auch keineswegs beherrschend. (Jedenfalls, was mich persönlich angeht). Aber doch da. Das ist erst mal alles.

Wir kommen darauf noch zurück. Fürs Erste bleibt die Frage, wieso wir so oft glauben, irgendwie sein zu müssen und nicht so sein zu können, wie wir nun mal sind.

Warum gestehen wir uns das nicht zu?

Georg Franck, der Aufmerksamkeits-Ökonom, sagt: »Wer nicht die Aufmerksamkeit bekommt, die er haben zu müssen glaubt, fängt an, diejenigen schlechtzumachen, die ihm die ersehnte Beachtung verweigern.«

Dazu eine Geschichte.

Gegen Ende des Winters 2017 saß ich mittags in einem Restaurant in Dresden (schon wieder Dresden, ich weiß, aber ich war nun mal in der Zeit, als ich dieses Buch schrieb, des Öfteren dort). Ich war der einzige Gast. Da betraten zwei ältere Herren das Lokal, bequem gekleidet, laut sich unterhaltend. Sie nahmen drei Tische weiter Platz und erfüllten den Raum mit ihrem Gespräch, behaglich und selbstzufrieden. Nach kurzer Zeit waren sie bei der Politik, es waren gerade jene Wochen, in denen Martin Schulz im beginnenden Frühling für kurze Zeit neue Hoffnungen in der SPD weckte.

Da habe man 1990 gedacht, sagte der eine, man komme in ein gut funktionierendes Land, endlich klappe mal alles. »Und wo sind wir? Eine Bananenrepublik. Schulz, der Hoffnungsträger! Zwei Mal sitzen geblieben. Alkoholiker.«

So ging das weiter. Dann bestellten beide Steaks, medium.

Ich zahlte und ging. Aber mich überfielen ein Zorn und ein Ekel. Erstens ging es doch 1990 nicht bloß darum, Teil eines gut funktionierenden Landes zu werden, es ging um Einigkeit und Recht und Freiheit. Zweitens war Thomas Mann ein sehr mäßiger Schüler, Peer Steinbrück blieb zwei Mal sitzen, Joschka Fischer verließ das Gymnasium ohne Abschluss. Drittens: Wie weit muss man von jeder Wirklichkeit entfernt sein, um unser Land für eine Bananenrepublik zu halten? Welche Ansprüche an das Leben muss man haben, wenn man als einfacher Bürger an einem Wochentag mittags in einem Lokal sitzen kann, die Steaks medium bestellt, draußen scheint die Sonne, unbewaffnete Fußgänger warten vor einer leeren

Straße auf das Grün ihrer Ampel, nirgends stirbt jemand vor Hunger, und am Bahnhof fahren die Züge pünktlich? (Gut, nicht jeden Tag, aber an diesem doch, ich weiß es.) Und dann so zu reden!

Zwei alte Männer in Dresden: Die könnten mir egal sein. Ich weiß nichts über sie, nur diese paar Sätze habe ich gehört, aber man hört sie auch anderswo: das banale Geschimpfe von Leuten, die satt sind und unzufrieden; die nichts wissen von der Welt und alles zu wissen glauben. Man beklagt sich heutzutage so gerne, man schimpft auf das bürgerferne Europa, auf die gierigen Politiker, auf die machtbesessenen Parteien.

Ich erinnere mich an einen Abend mit Freunden, nicht in Dresden, sondern in Oberbayern. Irgendwann sagte jemand: Europa, mal ehrlich, was bringt uns das schon? Ich hob zu einer sehr emotionalen Rede an: wie viel Elend dieser Kontinent erlebt habe, wie er so oft jahrzehntelang in Krieg und Seuchen versunken sei, wie er die größten Verbrechen der Menschheitsgeschichte erlebt habe, wie seine Staaten einander spinnefeind waren – und dies alles sei heute vorbei, wir lebten in Frieden, Freiheit und zum großen Teil auch im Wohlstand.

Das bringe uns Europa!, rief ich.

Da hätte ich eigentlich recht, sagten die anderen.

Aber warum hatten sie das vergessen?

Die österreichische, in Berlin lebende Schriftstellerin Eva Menasse hat das mal »eine Art Luxus, beinahe Wohlstandsverwahrlosung« genannt. Man verachtet so gerne die Eliten, die uns regieren. Man erlaubt sich einfach, nicht mehr in Erinnerung zu haben, wie Europa einmal war, wie kaputt, zerstört, zerfetzt.

Und ich frage mich, wie es möglich sein kann, dass wir in Wohlstand und Frieden leben, wenn wir ausschließlich von abgehobenen Versagern regiert würden. Und weiter: Ich möchte, bitte schön, von Eliten regiert werden! Wenn ich ein künstliches Knie benötige, suche ich nach dem kompetentesten Chirurgen. Braucht mein Auto eine Reparatur, wende ich mich an eine Fachwerkstatt. Möchte ich ein Haus bauen, verwende ich Mühe darauf, einen fähigen Architekten zu finden. Warum sollte das in der Politik anders sein? Ich will Politiker mit Kenntnissen, über die Richtung will ich mitentscheiden.

Lebte ich in einem Staat, in dem ich nur noch als Ehefrau eines ehemaligen Präsidenten oder als Sohn aus reichem Hause überhaupt eine Chance auf ein Spitzenamt hätte, könnte man also ohne erhebliches Vermögen im Kreuz in der Politik kaum noch eine Rolle spielen, würde ich mir Gedanken machen: dann also, wenn es nicht mehr die geringste Möglichkeit für den einfachen Bürger gäbe, in die politische Elite des Landes vorzustoßen.

Aber unsere letzten drei Kanzler bis 2017 waren Kinder des Finanzbeamten Hans Kohl, des Gelegenheitsarbeiters Fritz Schröder beziehungsweise des Pfarrers Horst Kasner.

Georg Franck hat von einer »Ökonomie des Ressentiments« gesprochen, einem Kompensationsgeschäft: Wenn du mich nicht so zur Kenntnis nimmst, wie ich das brauche, dann versuche ich, einfach so zu tun, als würde ich deine Beachtung gar nicht benötigen. Denn warum sollte ich die Resonanz von Leuten brauchen, die ich verachte?

Trotzdem: Ohne Aufmerksamkeit geht es eben nicht, sonst bliebe einem nur Rückzug, Resignation, Verbitterung. »Deshalb«, so noch einmal Franck, »ist auch und gerade das Ressentiment so zustimmungssüchtig. In den Echokammern der sozialen Medien kann es sich leichter als in den alten Medien die nötige Resonanz verschaffen und sich unter Gleichgesinnten beziehungsweise Gleichverstimmten verstärken. Wenn dieses Ressentiment aggressiv wird und sich zum Beispiel politisch organisiert, erpresst es die Beachtung, die ihm zuvor versagt wurde.«

Genau das ist passiert im politischen Leben der westlichen Welt.

Jeder, der sich ein bisschen selbst beobachtet, weiß, was Franck über den Charakter der Aufmerksamkeit sagt: Sie »will schweifen, sie ist neuigkeitssüchtig, deshalb lässt sie sich gern ablenken. Diese Unruhe abzustellen und sich zu konzentrieren, kostet Anstrengung, Aufmerksamkeit will unterhalten werden, gern auch mit Skandalen und Tabubrüchen.«

Soziale Medien haben aus diesem Unwillen der Aufmerksamkeit, sich zu mühen und zu konzentrieren, aus ihrem Wunsch nach Zerstreuung, Kurzweil, Unterhaltung, ein gigantisches Geschäft gemacht, und weil Aufmerksamkeit der Massen noch dazu ein knappes Gut ist, wird gewaltig darum konkurriert. Es gewinnt in diesem Business, wer die Bedürfnisse der Aufmerksamkeit am besten bedient, wer sich auch für Provokation, Gemeinheit und die Verletzung anderer nicht zu schade ist. Hauptsache: Die Welt merkt auf und klickt, empört sich, redet und schreibt.

Verwahrlosung war das Wort, oder?

Als das Bus-Monument in Dresden errichtet worden war, kam es davor zu einem denkwürdigen Zusammentreffen des sächsischen SPD-Vorsitzenden und Wirtschaftsministers Martin Dulig mit einer älteren Dame, die gekommen war, um gegen dieses Mahnmal zu protestieren, weil sie der Ansicht war, damit werde das Gedenken an Dresdens Zerstörung im Weltkrieg in den Schmutz gezogen, wieder einmal. Man kann diese Begegnung im Internet ansehen, die *Zeit* veröffentlichte sogar einmal große Teile des Dialogs als Mitschrift.

Nachdem beide schon eine Weile miteinander geredet hatten und gerade an den Punkt gekommen waren, ob der Oberbürgermeister Hilbert, der das Mahnmal eingeweiht hatte, nun eigentlich ein richtiger Dresdner sei oder nicht (diese Frage ist ganz offensichtlich für Leute, die sich für »richtige Dresdner« halten, von außerordentlicher Bedeutung), und als ein anderer Bürger eingeworfen hatte, Hilbert habe acht Jahre lang in Köln gelebt, ging es weiter wie folgt.

Bürgerin: Als es mir scheiße ging, ist er weg. Dann ist er wiedergekommen. Was will so ein Mensch hier?
Minister: Wissen Sie …
Bürgerin: Ich will jetzt keine Erklärungen haben.
Minister: Wollen Sie mit mir reden, oder wollen Sie mir nur Müll abkippen?
Bürgerin: Ach, sehen Sie, da sind wir wieder dort! Müll abkippen!
Minister: Wollen Sie mit mir …
Bürgerin: Müll abkippen!
Minister: Ja. Sie reden ja gar nicht mit mir. Sie wollen mir etwas anscheinend …

Bürgerin: Ich rede nicht? Was mach ich denn dann?
Minister: Wollen wir jetzt miteinander reden oder nicht? Wollen wir miteinander reden?
Bürgerin: Nein. Ich will nicht mit Ihnen reden. Ich will Ihnen nur mitteilen, dass das …
Minister lacht.
Bürgerin: Sehen Sie, und das können Sie schön im Fernsehen wieder sagen. Die reden ja nicht mit mir. Die Dame, oder Frau, redet nicht mit mir.
Minister: Wissen Sie, ich möchte mich ja …
Bürgerin: Ich bin »Nazi« übrigens, ich geh zu Pegida, da steh ich dazu.
Minister: Ich möchte mich ja gern mit Ihnen unterhalten.
Bürgerin: Auch wenns Ihnen jetzt schlecht wird. Das wars. Sinnlos.
Minister: Sie wollen sich nicht mit mir unterhalten.
Bürgerin: Mir braucht das keiner erklären, was hier steht. Ich finds abartig, und das ist mein letztes Wort.
Minister: Sie wollen sich nicht mit mir unterhalten?
Bürgerin: Nee, weil ich das gar nicht will. Sie nehmen mich doch eh nicht für voll.
Minister: Ich stehe hier und versuche, mit Ihnen zu reden, und Sie bauen die ganze Zeit selber Argumente auf, warum ich angeblich nicht mit Ihnen reden will.

Die beiden diskutieren dann eine Weile über das Denkmal und dessen Einweihung durch den Oberbürgermeister, dann endet die Unterhaltung.

Minister: Warum wollen Sie denn jetzt nicht mit mir reden?
Bürgerin: Na, weil das keinen Sinn hat. Sie verstehen mich nicht, ich verstehe Sie nicht. Sprechen Sie mal den an, der hier dafür ist. Ich will nicht mehr.

Dann geht sie.

Ja, es kann einen zur Verzweiflung bringen, wie zwei Menschen sich gegenüberstehen und einfach nicht miteinander reden können. Andererseits kommt einem das alles so bekannt vor, aus dem eigenen Leben natürlich, vielleicht aber auch aus Sketchen von Loriot, dem *Fernsehabend* zum Beispiel, in dem ein Ehepaar vor einem Fernseher sitzt, obwohl er gerade kaputtgegangen ist. Bloß fällt den beiden offensichtlich nichts ein, was sie sonst tun könnten, weil sie es nämlich so gewöhnt sind: abends vor dem Fernseher zu sitzen. Sie erzählen sich, dass sie Fernsehen sowieso blöd finden, weil das Programm immer so schlecht sei, aber dann bemerken sie, dass der jeweils andere doch in Richtung des Fernsehers schaut, obwohl da nichts zu sehen ist (außer einem kaputten Fernseher eben), wobei sie dann bestreitet, in diese Richtung geschaut zu haben.

Wie er überhaupt darauf komme, dass sie dorthin geschaut habe?

ER: Es sieht so aus ...

SIE: Das *kann* gar nicht so aussehen ... ich gucke nämlich vorbei ... ich gucke *absichtlich* vorbei ... und wenn du ein kleines bisschen mehr auf mich achten würdest, hättest du bemerken können, dass ich absichtlich vorbeigucke, aber du interessierst dich ja überhaupt nicht für mich ...

Am Ende des Dialogs verkündet er, er werde nach den Spätnachrichten der *Tagesschau* zu Bett gehen, worauf sie einwendet, der Fernseher sei doch kaputt.

ER *(energisch)* Ich lasse mir von einem kaputten Fernseher nicht vorschreiben, wann ich ins Bett zu gehen habe!

Entkleidet man das Gespräch mal jeder Komik, worum geht es denn dann? Es geht um zwei Menschen, denen es einfach nicht gelingt, miteinander über das zu reden, was *wirklich in ihnen vorgeht und was ihnen wirklich wichtig wäre*: Kaum ist der Fernseher kaputt, sagen sie sich gegenseitig, dass er ihnen nicht wichtig sei, dass das Programm ohnehin schlecht sei, dass der Apparat ihnen deshalb gar nicht fehle – nur um sich nicht eingestehen zu müssen, wie schmerzlich er ihnen in Wahrheit eben doch abgeht.

Aber dahinter steckt noch etwas viel Schlimmeres: dass nämlich das funktionierende Gerät seinerseits immer nur verdeckt hat, dass sich beide im Grunde nicht mehr füreinander interessieren. Und dass sie, obwohl sie ja vielleicht sehr oft (ob mit Fernseher oder ohne) Zeit hätten, sich auszutauschen, genau das eben nie tun.

Ein Psychoanalytiker hat mir einmal erzählt, er habe vor jeder beginnenden Therapie immer den großen Wunsch: Hoffentlich gelingt es mir, diesen Menschen dazu zu bringen, sich verständlich zu machen – was nur heißt: Hoffentlich gelingt es dem Patienten, darüber zu reden, was tatsächlich in ihm vorgeht. Und hoffentlich kann ich ihm dabei helfen. Hoffentlich findet er zu seiner Sprache.

Redet denn die Dresdner Bürgerin wirklich über das, was sie bewegt? Ganz offensichtlich ist es doch so, dass sie von dem Gefühl beherrscht wird, niemand interessiere sich für sie. Sogar der Oberbürgermeister habe die Stadt ausgerechnet zu dem Zeitpunkt verlassen, als es ihr schlecht ging, sagt sie. Das kann man natürlich einerseits sehr komisch finden, denn woher hätte der Oberbürgermeister denn nun wissen sollen, dass es ausgerechnet ihr so miserabel ging? Andererseits zeigt es einfach nur, wie dramatisch unbeachtet sich diese Frau fühlt.

Aber wird darüber gesprochen? Und ist nicht genau dieses Unbeachtetsein von Menschen etwas, das sehr eng mit unserem Thema zusammenhängt, dem Anstand? Weil Anstand nämlich auch bedeutet, anderen Beachtung zu schenken?

Nein, es wird über ein Denkmal geredet, das, ihrer Meinung nach, nichts mit dem zu tun habe, was in ihr vorgehe, das sich nicht mit Dresden beschäftige, also: nicht mit ihr und ihren Sorgen. Das könnte man verstehen, darüber könnte man mehr wissen wollen. Aber statt einmal zu fragen: »Wie meinen Sie das jetzt genau?« oder: »Hören Sie, das habe ich jetzt nicht richtig verstanden, können Sie mir das jetzt noch mal erklären?«, stattdessen also provoziert der Minister die Bürgerin immer weiter. Er verfestigt die Situation, statt den Versuch zu machen, sie aufzulösen, indem er Mal für Mal sagt, sie rede doch gar nicht mit ihm.

»Ich will jetzt keine Erklärungen haben«, sagt sie. Sie will etwas ganz anderes als Erklärungen.

Sie will erzählen.

Aber das geht nicht.

Man kann nun sagen: Was sind die Sorgen einer doch offensichtlich nicht in materieller Not lebenden Frau gegen die Nöte von Flüchtlingen!? Das würde aber doch weiterhin bedeuten: Was die Frau bewegt, interessiert einen tatsächlich nicht, und man will auch nicht darüber sprechen. Aber warum redet sie nicht selbst darüber? Vielleicht (ich weiß es nicht, ich kenne die Frau ja nicht) würde man etwas von Angst vor der Zukunft hören und vor dem Verlust der Sicherheit, die man braucht. Vielleicht würde in vielen anderen Fällen wütender Menschen in Dresden und anderswo auch zum Vorschein kommen, dass aus dem eigenen Leben (das möglicherweise in der DDR begann und für das deren Ende zu spät kam, um sich auf eine neue Welt einzustellen) nicht das geworden ist, was man sich gewünscht hätte.

Und wer würde so etwas, wenn es gesagt würde, verachten?

Aber es wird eben nicht gesagt, *es kann ja gar nicht gesagt werden*, hier, in dieser Erregung, vor Fernsehkameras und vielen Leuten und vor einem Mann, der Minister ist und dem es vielleicht tatsächlich (auch davon habe ich keine Ahnung, denn ich kenne den Minister nicht) nicht ganz unwichtig ist, dass er hier, in der Öffentlichkeit und vor den Kameras, zeigen kann, dass er doch gekommen ist, um zu reden. Obwohl er natürlich eigentlich wissen müsste, dass man hier nicht reden kann, sondern es besser gewesen wäre, die Dame auf einen Kaffee einzuladen, um irgendwo in Ruhe und unter vier Augen zu besprechen, was zu besprechen gewesen wäre.

Aber kann man das von einem Minister verlangen?

Ich erinnere mich an jene Jahre, in denen ich als Zeitungsreporter in der untergehenden DDR und den daraus entstehenden neuen Bundesländern unterwegs war: an viele Menschen, die immer zuerst sagten, sie wollten nicht reden, sie hätten keine Zeit, man habe doch ohnehin kein Interesse an ihnen. Und mit denen ich dann oft stundenlang zusammensaß, nachdem sie gemerkt hatten, dass sich der Reporter doch wirklich für ihr Leben interessierte, lange, manchmal tränenreiche Gespräche. Wobei es mir nicht darum geht, mich hier als den besseren Menschen oder auch nur Gesprächspartner hinzustellen. Ich hatte ja damals ein ganz professionelles Interesse an der Unterhaltung, ich brauchte sie für meine Arbeit.

Ich will bloß sagen: Wenn es um unser Zusammenleben geht, kann ein wenig Interesse für die, mit denen man zusammenleben muss und vielleicht sogar will, nie schaden.

Könnte es sein, dass vielen von uns, eben auch Politikern in ihrer Betriebsamkeit und Routine und vielleicht auch in ihrem Kalkül, genau dieses Interesse ein wenig verloren gegangen ist? Und damit auch (um auf meinen Onkel zurückzukommen) etwas von dem Respekt verschwand, den Menschen brauchen und bekommen sollten? Müsste es nicht möglich sein, dass ein Politiker wie der Minister in Dresden auch einmal absieht von seinen Interessen, von sich selbst, von seinem Gut-dastehen-Wollen-vor-den-Kameras-und-den-Wählern?

Dass er stattdessen auch mal etwas nur wissen will?

»Aber hast du nicht vorhin selbst von Wohlstandsverwahrlosung gesprochen, als es um die beiden älteren Männer in Dresden ging?«, fragt mein Freund.

»Stimmt«, sage ich.

»Und wäre es da nicht auch darum gegangen, dass du nicht so sehr deinem Zorn und deinem Ekel Raum gibst? Sondern dich etwas fragst? Oder die beiden etwas hättest fragen können?«

»Andererseits kann ich nicht jeden Gedanken und jeden Affekt unterdrücken«, sage ich.

»Aber irgendwann müsste doch die Frage auftauchen, ob Wohlstandsverwahrlosung das richtige Wort ist«, sagt er. »Oder ob es nicht auch sehr wichtig wäre, darüber nachzudenken, warum kein Wohlstand verhindert, dass Menschen Angst haben oder jedenfalls Instinkten Raum geben.«

»Du hast recht. Darauf müssen wir zurückkommen«, sage ich.

Übrigens habe ich mir zur Regel gemacht, nach Möglichkeit jeden Brief und jede Mail, die mich erreichen, zu beantworten. Für mich ist das eine Frage der Umgangsformen. Beleidigt mich jemand schriftlich (kommt allerdings nicht soooo oft vor wie bei vielen anderen

Kollegen, die mehr als ich auf dem Feld des politischen Kommentars arbeiten!), schreibe ich, dass ich nicht verstünde, warum er Unflat auf mich herabregnen lasse. Was ich ihm denn getan hätte, das dies rechtfertigen würde?

Eine Antwort bleibt dann immer aus.

Ein alter Mann, der sich schon öfter an mich gewandt hatte, schrieb mir in einer Silvesternacht um halb vier eine Mail, in der er mir zum wiederholten Mal klarzumachen versuchte, dass Obama ein Mörder und Hillary Clinton eine gefährliche Psychopathin sei, was er mit irgendwelchen obskuren Fundstellen im Internet immer neu zu belegen versuchte, er war nämlich der Meinung, in den herrschenden (ja, ja, die *herrschenden*) Medien komme die Wahrheit nicht zutage.

Also, wer im neuen Jahr nachts um halb vier solche Mails absetzt, bitte, er hat erst mal mein Mitgefühl, ganz abgesehen davon, was drinsteht.

Der alte Herr würde mir wahrscheinlich heute noch schreiben, dass Obama ein Serienkiller und Hillary Clinton eine Irre sei, wenn ich ihm nicht irgendwann mitgeteilt hätte, die Voraussetzung für einen Mail-Wechsel sei in meinem Fall, dass er in der Lage sei, sich jenes Gossenjargons zu enthalten, den er benutzt habe. (Die Kanzlerin Merkel zum Beispiel hatte er unflätig beleidigt.) Ja, schrieb er darauf, es sei doch schade, dass ich nur über den Ton seiner Post schriebe, und eben einfach nicht in der Lage sei, auf seine Argumente einzugehen.

Da sitzt man dann achselzuckend am Schreibtisch, und das Gefühl, das einen beherrscht, ist Ohnmacht. Aber vielleicht geht es den Schreibern genau darum: dieses Gefühl zu erzeugen? Vielleicht ist ihr eigenes Gefühl von Machtlosigkeit und Ohnmacht im Leben so stark, dass sie es unbedingt weitergeben müssen, und sei es, indem sie es bei einem ganz anderen Menschen hervorrufen? Und damit *einmal* Macht zu empfinden, denn das ist ja, was Macht sein kann: Erzeugen von Ohnmacht bei anderen – und damit ein Mittel gegen die eigene Angst.

Man könnte sich natürlich die Arbeit sparen, aber irgendwie denke ich immer wieder, man sollte keine Gelegenheit auslassen, seine Position klarzustellen, deutlich und in aller Ruhe, für andere und für sich selbst.

Es gehört sich so.

Es ist anständig.

~

»Ist es nicht seltsam?«, sage ich zu meinem Freund. »Wir leben heute in Europa in einer Welt, die uns so viele Freiheiten gibt wie noch nie. Man kann mit anderen zusammenleben, wie man möchte. Man muss dafür, dass man homosexuell ist, nicht mehr mit irgendwelchen Strafen rechnen, kann reisen, wohin man will, lesen, wonach einem der Sinn steht, sein Aussehen in der vielfältigsten Weise gestalten, kann wählen und sich zur Wahl stellen. Unsere Musik, Literatur, Kunst haben eine nie da gewesene Vielfalt erreicht – und genau in dieser Zeit gibt es so viele Menschen, die nun, da es kaum noch oktroyierte Vorschriften gibt, sich selbst Vorschriften geben.«

»Was meinst du genau?«, fragt der Freund.

»Ich meine zum Beispiel das, worüber wir schon geredet haben: das Essen. Früher haben zum Beispiel die Kirchen geregelt, was wann gegessen werden kann, die Fastenzeiten, die Feiertage. Heute tut das quasi jeder für sich – und das bisweilen sehr streng.«

»Ich erzähle dir eine banale Geschichte«, sagt der Freund. »Als ich vor Jahrzehnten aus der kleinen Stadt meiner Heimat in das große München zog, um zu studieren, da stand ich vor einer Riesen-Freiheit. Aber ich wusste nicht richtig, was ich mit dieser Freiheit anfangen sollte, sie ängstigte mich, denn ich war ganz auf mich allein gestellt. Ich kannte niemanden hier. Ich war an der Universität nur einer unter Tausenden. Ich hatte keine Ahnung, ob ich mein Studium schaffen und ob es mich in irgendeinen Beruf bringen würde, ich hatte keine Freundin und keine Freunde hier, und es war auch sehr schwer, jemanden kennenzulernen; jedenfalls fiel es *mir* schwer. Was tat ich? Eine von meinen Maßnahmen, mir etwas Sicherheit zu verschaffen, war: Ich frühstückte jeden Morgen drei Semmeln, nicht mehr, nicht weniger, ob ich großen Hunger hatte oder nur wenig: drei Semmeln jeden Morgen. Es ist mir peinlich, das zu erzählen, aber dieses kleine Ess-Ritual war eine meiner Antworten auf die große Unsicherheit meines Lebens, mit der ich auf irgendeine Weise fertig werden musste.«

Ich will etwas sagen, aber er unterbricht mich.

»Es gibt nämlich noch etwas Seltsames«, sagt er. »Meine Tochter ist vor zwei Jahren nach Berlin gezogen. Sie muss noch auf einen Studienplatz warten, und nun bereitet sie sich mit allen möglichen Praktika auf dieses Studium vor, eine Situation mit vielen Möglichkeiten, aber eben auch Ängsten und Ungewissheiten. Und was ist geschehen? Sie ist Vegetarierin geworden, keine militante, sie versucht auch nicht, uns zu überzeugen. Aber sie hat für ihr eigenes Leben neue Regeln entworfen. Würde ich ihr jetzt sagen, sie habe das getan, um in all der Unsicherheit wenigstens dieses Geländer aus Essensregeln zu haben, würde sie das wahrscheinlich zurückweisen, und sie hätte viele Argumente für das Vegetariertum, persönliche und politische, darunter sehr viele richtige. Aber dass diese Argumente eine Menge für sich haben und auch für andere gelten können, ändert ja nichts daran, dass sie eben für meine Tochter diese psychische Funktion haben, oder?«

»Da sind wir wieder bei deinem Bier«, sage ich.

»Wie meinst du das?«

»Ich meine«, sage ich, »dass zur Einsicht in die Kompliziertheit unseres Lebens vielleicht auch die Erkenntnis gehört, dass man die Weltprobleme auf der persönlichen Ebene nicht lösen kann. Man verschafft sich vielleicht ein *Gefühl* von Kontrolle, aber doch nicht die Kontrolle selbst.«

»Wer denkt denn so einen Quatsch?«, sagt mein Freund. »Die Weltprobleme auf der persönlichen Ebene zu lösen … Nur ein Idiot könnte das glauben. Ich will nur nicht dazu beitragen, dass das eine oder andere Problem noch schlimmer wird.«

»Das finde ich auch gut«, sage ich. »Aber manchmal, zum Beispiel im Bio-Markt, sieht man Menschen, denen vor lauter Richtigmachen beim Einkaufen die Lebensfreude abhandengekommen zu sein scheint.«

»Gegen Richtigmachen ist nichts zu sagen.«

»Nein, natürlich nicht. Das ist übrigens ein interessanter Punkt, was den Umgang mit anderen Menschen angeht, finde ich. Es gibt da eine Ambivalenz: Man sieht da so Leute, die einem spontan auf die Nerven gehen. Andererseits sind das Menschen, die sich nicht abfinden wollen mit dem, was nicht in Ordnung ist. Das ist doch gut!«

»Zu meinem Weltrettungsplan«, sagt mein Freund und nimmt einen großen Schluck von seinem Bier, »gehört jedenfalls auch die Rettung eines gewissen Lebensvergnügens.«

Es gibt zu diesem Zusammenhang ein sehr interessantes Buch des Sozialpsychologen Ernst-Dieter Lantermann, *Die radikalisierte Gesellschaft* heißt es. Der Autor setzt mit seiner Arbeit an dem hier behandelten »grundlegenden Bedürfnis nach Überschaubarkeit, Gewissheit, Kontrollierbarkeit und Sicherheit« an, dem unsere Zeiten sehr viel weniger entsprächen als frühere, womit wir wieder bei Globalisierung und Digitalisierung wären. Er schreibt: »Werden diese Bedürfnisse auf Dauer nicht erfüllt, erleben Menschen die Unsicherheiten ihrer Lebenssituation als gravierende Bedrohung ihrer Selbstachtung und ihres Selbstwertgefühls. Um dieser schmerzlichen Erfahrung nicht länger ausgesetzt zu sein, schaffen sie sich dann ihre eigenen Gewiss- und Sicherheiten.«

Und die wären?

So gesehen haben Fremdenhasser, militante Vegetarier und Veganer, mit Schrittzählern bewaffnete Körperoptimierer, radikale Tierschützer etwas gemeinsam: Sie schaffen sich ihre eigenen Welten mit eigenen Gewissheiten, mit klarem Blick auf Richtig und Falsch, mit dem genauen Wissen, auf welcher Seite man zu stehen hat. Wem die allgemeine Wirklichkeit zu unüberschaubar und unkontrollierbar ist, wer das Gefühl hat, in dieser Wirklichkeit ein Niemand zu sein, einer, der nicht gefragt wird und der nichts zu sagen hat und ohne Zugriff ist auf die Entwicklung des Lebens im Großen und im Kleinen, der baut sich seine eigene Wirklichkeit. Weil der Mensch sich selbst nicht aushält, wenn er sich als komplett bedeutungslos empfindet.

~

»Das ist doch nicht neu«, sagt mein Freund. »Menschen wollen dort leben, wo sie sich auskennen und etwas darstellen, und sei es als Schriftführer im Modelleisenbahnklub. Wahrscheinlich basieren große Teile des deutschen Vereinswesens darauf, dass Menschen diese Sehnsucht haben.«
»Ja, aber darum geht es nicht«, sage ich. »Ich meine …«
»Und du kannst doch nicht Fremdenhasser und Vegetarier in einen Topf rühren. Was hast du gegen Vegetarier?«
»Gar nichts erst mal, darum geht es genau nicht. Ich kann gut verstehen, dass jemand Vegetarier oder sogar Veganer wird, weil er die widerwärtigen Formen

der Massentierhaltung, die bei uns üblich sind, einfach nicht mehr erträgt. Das ist eine sehr anständige Haltung, solange derjenige, der sie vertritt, akzeptiert, dass es auch andere anständige Haltungen zu diesem Thema geben kann. Man kann zum Beispiel der Meinung sein, dass Tiere auf eine Weise gehalten werden können, die artgerecht ist und vertretbar und sogar vernünftig, und dass man sie, wenn das so läuft, auch essen darf.«

»Ganz meine Meinung«, sagt mein Freund.

»Aber in dem Buch, von dem ich geschrieben habe, geht es genau darum, dass dieses Akzeptieren anderer Einstellungen manchen Leuten nicht mehr möglich ist. Es geht um die Frage, warum sich viele Leute so radikalisieren, und was das für unser Zusammenleben bedeutet.«

Denn der Ton der Rechthaberei und des Belehrenden, die Haltung der selbstgewissen Zurechtweisung und des Desinteresses an jeder Form des Austauschs, dieser Grundton, den man in fast jedem Internetforum und unter vielen online gestellten Artikeln zu einem heutigen Problem findet, dieser Ton also *muss* etwas damit zu tun haben, dass zu viele Menschen offensichtlich das Gefühl nicht mehr ertragen, auch andere könnten mit ihren Ansichten ein wenig recht haben und jedenfalls zur Wahrheitsfindung etwas beitragen. Dass einigen von ihnen jede Neugier und jedes Trachten danach, selbst etwas lernen zu wollen, einfach abhandengekommen ist – sofern es je da war.

Die Selbstradikalisierung vieler Menschen: ihre Flucht in einen Hass auf alles Fremde und Ungewohnte; in Ernährungsweisen, von denen man sich am Ende nichts anderes als die Rettung der Welt erhofft; in einen Fitnesswahn, der in die komplette Ich-Fixierung führt; in den Wahn einer politischen Korrektheit, in der jeder umstellt ist von Sprachgesetzen, die es um jeden Preis einzuhalten gilt; das alles ist Ausdruck jener großen Suche nach Sicherheit und Selbstwertgefühl in einer zutiefst verunsichernden Zeit. Am Ende führt es (und hat natürlich schon geführt) zum Fanatismus, zur Verschließung gegenüber dem Anderen und Neuen, zur Unfähigkeit, was die Auseinandersetzung mit anderen angeht.

Der Sozialpsychologe Lantermann geht in seinem Buch davon aus, die Dynamik der gesellschaftlichen Veränderungen mit ihren vielen Aspekten habe im Leben jedes Einzelnen von uns Lebensgewissheiten zerstört, die sich eine moderne Gesellschaft auch gar nicht mehr leisten könne, weil sie auf hohe Flexibilität und rasche Anpassung an sich ständig verändernde Bedingungen angewiesen ist. »Ungewissheit und Unsicherheit sind zu

Grunderfahrungen von uns allen geworden, ob wir dies nun gutheißen oder nicht.«

Viele finden das, wie erwähnt, durchaus gut, fühlen sich herausgefordert, genießen neu gewonnene Freiheiten, sind bereit, Risiken einzugehen. Aber man dürfe, so Lantermann, nicht übersehen, »dass nicht jeder über die gleichen Mittel und Ressourcen verfügt, um von dieser gesellschaftlichen Entwicklung zu profitieren.« Ein Leben ohne Netz und doppelten Boden ist für viele beängstigend und überfordert sie. Sie empfinden sich als »verunsichert, ohnmächtig, desorientiert, machtlos und alleingelassen«, schreibt Lantermann, intensive Gefühle, die ganze Person betreffend. Denn es geht hier erstens um ein menschliches Grundbedürfnis, das nach Sicherheit, zweitens um das Konzept, das jeder von sich selbst hat, um das Empfinden eines positiven Selbstwerts.

»Der Wunsch nach einem positiven Selbstwertgefühl, nach einer hohen Selbstwertschätzung«, so Lantermann, »stellt ein in der Natur des Menschen fest verankertes und unverzichtbares Grundbedürfnis dar, das wir nur um den Preis unserer Selbstvernichtung vernachlässigen dürfen.«

Die Folge ist, wie beschrieben, die Suche nach Halt. Den bietet jeder Fanatismus mit einfachen Wahrheiten, geschlossenen Systemen und dem Ausschluss jedes Zweifels – vorausgesetzt, die Abschottung gegen jede

Erschütterung gelingt: daher vielleicht dieser oft so kategorische Ton im Internet. Alles, was die eigenen Wahrheiten erschüttern könnte, bedroht ja nicht nur diese, sondern gleich das gesamte Weltbild und damit die komplette Selbstsicherheit des Fanatikers, ja, viele entwickeln eine nachgerade paranoide Wachsamkeit für kleinste Anzeichen von Gefahr und Bedrohung. Lantermann schreibt: »Sie wittern überall den Feind und sehen in jeder Äußerung den Beweis, dass sie verachtet und zurückgewiesen werden.«

Kein Wunder, dass solche Menschen egozentrisch werden, ihre Selbstsicherheit finden sie ja auch in einer fest definierten Gruppenzugehörigkeit wieder; wer nicht zu dieser Gruppe gehört, wird bekämpft, weil er sie bedroht und sich dem für wahr Gehaltenen verschließt. Dann gelten plötzlich Werte wie Anstand, Gerechtigkeit, Solidarität nur noch für die Gleichgesinnten. »Der Selbstvermesser, der alles unternimmt, um seinen Körper fit zu halten, und für dieses Ziel so manches zu opfern bereit ist, oder der fanatische Veganer – warum sollten sie Mitleid haben mit kranken Menschen, die ihr Leben lang keinen Sport getrieben und den schlimmsten Fraß zu sich genommen haben?«, schreibt Lantermann. Und: »Ist es aus der Sicht der Fremdenhasser nicht geradezu eine moralische Pflicht, den Flüchtlingen, Ausländern und Asylsuchenden jede Hilfe und Solidarität zu verweigern, wenn diese unerwünschten Eindringlinge von der Elite der Gesellschaft und den ›Gutmenschen‹ auch noch hofiert und mit Solidarität und Anerkennung überschüttet werden, obwohl sie doch zu den Totengräbern des deutschen Volkes gehören?«

~

»Dieses Abschließen, Sichverschließen, diese immer neue Gruppenbildung – das fasziniert mich«, sagt mein Freund. »Der Mensch scheint wirklich für kleine Gruppen konstruiert zu sein. Genau die sucht er immer wieder.«
»Nehmen wir die Gender-Debatten«, sage ich. »Nichts rückt den Menschen ja so nahe wie die Frage nach ihrer geschlechtlichen Identität, und nichts macht vielen von ihnen so viel Angst wie das Infragestellen dieser Identität. Wahrscheinlich ist der Schwulenhass bei den Männern am größten, die selbst schwul sind, aber das um keinen Preis der Welt wahrhaben wollen.«
»Wie kommst du jetzt darauf?«
»Weil mich diese Intensität beschäftigt, mit der bei uns die Gender-Thematik debattiert wird. Für die einen ist es vollkommene Idiotie, dass man überhaupt die Frage aufwirft, ob es nicht Toiletten für jene Menschen geben sollte, die weder Mann noch Frau sein

wollen, das macht sie auf eine bisweilen absurde Weise rasend. Für die anderen ist es geradezu überlebenswichtig. Und was passiert? Gruppenbildung, Ausschluss, Aggression. Das Vokabular der Gender-Szene muss man, wenn man sie verstehen will, geradezu wie eine Fremdsprache lernen, geschlechtslose Pronomina wie sier, hen oder per, Sternchen, Schräg- und Unterstriche, der/die/das wird durch ecs ersetzt, es gibt keine Leser und keine Leserin, sondern nur noch Lesecs …

Im *Zeitmagazin* habe ich von der Berliner Autorin Patsy l'Amour laLove gelesen, die in einem Buch schildert, wie ein Gender-Seminar an der Humboldt-Universität in Berlin mit einer Pronomen-Runde beginnt: Jeder sagt, »ob er oder sie mit sie oder er oder lieber neutral angesprochen werden möchte. Später redet ein Student eine gewünschte Sie fälschlich als Er an. Er wird für die nächsten Termine vom Seminar ausgeschlossen und soll – für alle nachlesbar – in einem Google-Dokument sein Vergehen ›reflektieren‹.«

»Gab's alles schon«, sagt mein Freund. »Hieß früher öffentliche Selbstkritik.«

»Kann einen aber auch zur Verzweiflung treiben«, sage ich. »Warum müssen den Menschen diese Dinge so schwerfallen?«

Beschäftigen wir uns einen Augenblick mit der Lüge in diesen Zeiten.

Wir haben ja nun gesehen, dass der Mensch ganz offensichtlich nicht das primär rationale Wesen ist, als das wir ihn bisweilen so gerne hätten, im Gegenteil. Wir sind Herdentiere, die über ihre genetischen Dispositionen geradezu unbegreiflich weit hinausgewachsen sind. Der Autor und Filmemacher Alexander Kluge hat vom »Antirealismus des Gefühls« gesprochen und vom »antirealistischen Impuls in Menschen«, was eben genau bedeutet, dass unser Glaube an den *Homo oeconomicus* und den unsere Handlungen leitenden Verstand so nicht der Wirklichkeit entspricht. »Der Mensch«, sagte Kluge, »ist an seinem Zwerchfell, seinem Herzen festgemacht«, an Organen also, »die nicht kopfig sind. Die würden lieber eine Wirklichkeit verfälschen, als eine widerwärtige Wirklichkeit zu akzeptieren«. Die Anhänger von *Make America great again*, die Befürworter des Brexit, die Gefolgschaft Le Pens, Orbáns, Kaczynskis – sie alle eint die Sehnsucht nach verloren gegangenen Sicherheiten, und dass die Trumps, Farages, Johnsons, die sie dabei anführen oder anführten, allesamt durch und durch verlogene Gestalten sind, ändert daran zunächst einmal nicht viel.

Einerseits kommt das Internet der Vorstellung jenes Weltgehirns sehr nahe, von dem der Science-Fiction-Autor H. G. Wells 1938 in seinem Buch *World Brain* träumte.

Es verschafft uns Zugang zu jeder bekannten Wahrheit. Aber mit ihm ist gleichzeitig ganz offensichtlich der Beginn eines Zeitalters der Lüge verbunden – und zwar in ihrer dreistesten, unverschämtesten und erfolgreichsten Form. Die Lügen verbreiten sich mit ebenso rasender Geschwindigkeit wie das Wissen, aber Lügen sind penetranter als Wahrheiten, ja, das Ziel der größten Lügner ist gerade eben, so viel und so dreist zu lügen, dass den Menschen bisweilen selbst die Wahrheit als Lüge erscheint, weil sie einfach den Unterschied zwischen Tatsache und Erfindung nicht mehr erkennen können.

Boris Johnson zum Beispiel: ein Lügner, der unter anderem mit der penetrant wiederholten Behauptung, Großbritannien überweise jede Woche 350 Millionen Pfund an die EU (und das sei noch untertrieben), den Brexit erreichte; in Wahrheit waren es nicht mal 110 Millionen. Wladimir Putin, der Verunklarung, Verwischung und Vertuschung der Wahrheit zum Erfolgsprinzip gemacht hat, in brillanter Weise, ein Künstler der Lüge geradezu: 2014 unterstützte sein Geheimdienst die russischen Sportler beim Doping, 2017 eröffnete er den Confed Cup in St. Petersburg unter anderem mit dem Satz: »Der Fußball soll Staaten und Kontinente vereinigen, unsere Werte wie Fairplay in die Welt tragen.« Donald Trump: ein Mann, dem die Wahrheit so egal ist, dass er vermutlich selbst nicht mehr weiß, wann er lügt.

David Mikkelson, einer der Gründer von *snopes.com*, einem Portal, das Nachrichten auf ihren Wahrheitsgehalt prüft, hat dem *Guardian* gesagt, er sei nicht sicher, ob man von einem Post-Wahrheits-Zeitalter (*post-truth-age*) sprechen könne. »Aber es hat eine Öffnung der Schleusentore gegeben, und alles strömt durch. Der Quatsch kommt schneller, als du pumpen kannst.«

Wie ist es möglich, dass ausgerechnet jetzt die Lüge solchen Erfolg hat, in jeder denkbaren Frechheit?

Es muss damit zu tun haben, dass der Mensch nicht immer an der Wahrheit interessiert ist.

Warum nicht?

Weil ihm manchmal etwas anderes wichtiger ist.

Was?

Seine uralte Sehnsucht nach Geschichten, die ihm die Welt erklären, sie einfacher machen, verstehbar, die ihm Orientierung geben, einen Sinn.

Für dieses Bedürfnis ist die Wirklichkeit manchmal zu kompliziert, zu anstrengend. Und je schwieriger die Lage wird, desto größer wird das Verlangen nach dem simpel Gestrickten, dem Anführer, der die Lösung kennt, dem Welt-Erklärer mit seinem Ich-mach-das-schon-für-euch. Ob er lügt? Man fragt das gar nicht. Es geht nicht um Tatsachen, sondern um Gefühle. Und die sind so stark, dass für sie keine Wirklichkeit und keine Wahrheit akzeptabel ist, die diesen Gefühlen nicht entspricht.

Der schon zitierte Yuval Harari hat in *Eine kurze Geschichte der Menschheit* sehr schlüssig dargelegt, welche Rolle Geschichten für den Zusammenhalt der Menschen spielen – und dass es für diesen Zweck überhaupt nicht darauf ankommt, ob sie richtig oder falsch sind. Die katholische Kirche zum Beispiel ist eine weltumspannende Organisation, sie basiert auf dem Glauben an Gott – aber ob es Gott wirklich gibt, weiß niemand. Entscheidend ist allein die gemeinsame Überzeugung von seiner Existenz.

Harari beschreibt, wie die Menschheit es geschafft hat, auch in größeren Gruppen zusammenzuarbeiten, solchen, die jene magische Grenze von 150 Personen überschreiten. »Jede groß angelegte menschliche Unternehmung – angefangen von einem archaischen Stamm über eine antike Stadt bis zu einer mittelalterlichen Kirche oder einem modernen Staat«, schreibt Harari, »ist fest in gemeinsamen Geschichten verwurzelt, die nur in den Köpfen der Menschen existieren.« Das gilt für »Götter, Nationen, Geld, Menschenrechte und Gesetze ... sie existieren nur in unserer kollektiven Vorstellungswelt«, möglich, weil der Mensch, im Gegensatz zu allen anderen Lebewesen, über die Sprache verfügt, in der er sich von diesen Dingen erzählen, ja, in der er sie konstruieren kann.

Mag sein, dass dies zunächst für unseren Zusammenhang hier ein wenig weit hergeholt klingt.

Aber das ist es nicht.

Es zeigt nämlich, von welcher Bedeutung für uns auch die gemeinsame Überzeugung von einem Wert wie dem Anstand ist. Denn über solche Überzeugungen wird die menschliche Gemeinschaft überhaupt erst hergestellt. Die Art von Gesellschaft, die wir uns wünschen, können wir nur bilden, wenn wir wissen, was wir für richtig halten.

~

»Irgendetwas«, sagt mein Freund, »triggert dieser Populismus ja auch in einem.«

»Wie meinst du das?«

»Erdoğan zum Beispiel«, sagt er, »auf dem Höhepunkt der Auseinandersetzungen vor dem Referendum über seine Verfassungsänderung: Er beschuldigte Deutschland irgendwelcher Nazi-Praktiken und schwor den Holländern Rache dafür, dass sie eine seiner Ministerinnen ausgewiesen hatten. Man bekam da so eine Wut, man kehrte zurück zu seinen atavistischen Ursprüngen und dachte sich so was wie: dieser Scheißkerl, dem müsste man jetzt mal eins draufhauen! Ganz gegen das eigene Wissen, dass man das nicht tun sollte und es keinen Sinn hat, mit den gleichen Mitteln zu antworten.«

»Dies und jenes war aber auch ganz lustig«, sage ich.

»In der Türkei haben sie eine französische Flagge verbrannt, weil sie die mit der niederländischen verwechselt hatten, beide sind ja blau-weiß-rot, nur ist die eine längs und die andere quer gestreift. Und bei einer anti-niederländischen Demonstration in Istanbul trugen sie Fotos des damaligen französischen Präsidenten Hollande mit sich herum, sie hatten wohl ›Holland‹ gegoogelt, und waren dabei auf Hollande gestoßen. Wie soll man sonst erklären, was sie mit dessen Foto wollten?«

»Humor ist eine äußerst kultivierte Reaktion«, sagt mein Freund. »Aber tief in uns haust das Unzivilisierte.«

»Ich weiß gar nicht, ob es so tief ist«, sage ich. »Denk an den alten Satz vom dünnen Firnis der Zivilisation. Der ist, wie man sieht, in diesen Zeiten schadhaft geworden.«

»Der Mensch«, sagt mein Freund, »hat etwas außerordentlich Primitives bisweilen, man sieht das beim Fußball. Und man sieht es in der Politik.«

»Das ist schon richtig«, sage ich, »aber Fußball ist Ritualisierung, Beschränkung auf den Platz, Begrenzung durch das Stadion, er zeigt, was tief in uns steckt und immer stecken wird, und gibt uns die Möglichkeit, es auszuleben und vielleicht auch zu verstehen. Der Fußball ist gerade der Beweis dafür, dass die

Menschheit es ungeheuer weit geschafft hat: Zehntausende, die sich gegenseitig nicht besonders gut leiden können, weil sie Fans gegnerischer Vereine sind, Zehntausende feindseliger Menschen also sind in der Lage, sich in einem Stadion zu treffen, ohne dass es nachher Tote gibt, in der Regel jedenfalls. Das ist fantastisch, wenn man sich überlegt, woher wir kommen. Andererseits hilft der Sport uns, nicht zu vergessen: Der Mensch entkommt seinen Gefühlen und Instinkten und grundlegenden Bedürfnissen nicht.«
»Hast du nicht am Anfang des Buchs lauter gegenteilige Beispiele aufgeführt«, sagt mein Freund.
»Ja, weil sich eben etwas zu ändern beginnt. Vieles wird roher, verrohter. Eigentlich war der Fußball schon mal besser.«
»Gib mir ein anderes Beispiel«, sagt mein Freund.
»Nehmen wir etwas Alltägliches«, sage ich. »Du suchst mit deinem Auto einen Parkplatz, schon längere Zeit, und dann findest du einen, und jemand anders nimmt ihn dir in letzter Sekunde weg. Was dann stattfindet, ist Revierkampf wie unter Tieren, und du stehst vor der Wahl, dich darauf einzulassen, dich aufzuführen wie ein wilder Eber, in dessen Areal ein anderer eingedrungen ist. Oder du beschließt, dass du auf diesem Niveau nicht leben willst, und fährst deiner Wege. So etwas findet ja nun wirklich immerzu statt. Ich hatte

früher ein kleines Haus auf dem Lande, gleich neben einem Bauernhof, der oft Pensionsgäste hatte, und jedes Mal, wenn ich denen begegnete, erzählten sie mir als Erstes, wie oft sie hier schon Urlaub gemacht hätten, wie gut sie die Bauern kennen – reines Revierverhalten: ›Das hier ist mein Platz!‹, wollten sie sagen.«
»Was soll man tun?«
»Man lächelt. Oder erzählt, wie viel länger man schon hier wohnt, und versucht zu gewinnen. Ist mir aber eigentlich zu anstrengend. Und zu doof. Denk an den Satz von Mark Twain: *Never argue ...* Ich habe übrigens gerade *Der Kosmopolit* von Kwame Anthony Appiah gelesen, das ist ein in London geborener, in Ghana aufgewachsener und in New York lehrender Philosoph ...«
»Mann, wie großartig ist doch die Möglichkeit solcher Lebensläufe!«, ruft mein Freund. »Die uns von Erfahrungen profitieren lassen, die wir niemals machen könnten!«
»Appiah hat – genau wie Yuval Harari – geschrieben«, sage ich, ziehe das Buch aus der Tasche und blättere darin, »dass unsere Ahnen während des größten Teils der Menschheitsgeschichte an einem normalen Tag nur Menschen sahen, ›die sie schon ihr Leben lang kannten‹, was den Umgang mit ihnen berechenbar und vertraut machte. Und das sei nun mal über Jahr-

tausende die Welt gewesen, ›die uns geprägt und in der unsere Natur sich herausgebildet hat‹. Es sei also noch nicht so lange her, dass wir gelernt hätten, ›wie man auf engstem Raum in einer Gesellschaft zusammenlebt, in der man die meisten Menschen nicht kennt, auch wenn man dieselbe Sprache spricht, dieselben Gesetze befolgt und ähnliche Dinge auf den Tisch bringt‹. Und eben das zeige, worum es gehe. Die Herausforderung, so Appiah, ›besteht darin, das über Jahrtausende eines Lebens in kleinen, lokalen Gruppen geformte Denken und Fühlen mit Ideen und Institutionen auszustatten, die uns ein Zusammenleben in dem globalen Stamm erlauben, zu dem wir geworden sind.‹ Man sieht: Unsere ganze Zivilisation ist ein ständiges Andenken gegen alles Mögliche, das in uns rumort, gegen unsere Prägungen, unsere Instinkte, unsere Automatismen.«

»War das nicht der Gedanke der Aufklärung?«, sagt mein Freund. »Seinen Verstand zu benutzen?«

»›Ohne Anleitung eines anderen‹, hat Kant geschrieben, glaube ich. Aber seinen Verstand zu benutzen heißt wahrscheinlich auch, zu verstehen, dass der Mensch ein Gefühlswesen ist und es Situationen gibt, in denen er aufhört, seinen Verstand zu benutzen, und einfach zurückfällt in atavistisches Empfinden: Alles Fremde soll weg, zum Beispiel. Das ist ja wohl,

was Alexander Kluge meinte: dass die entscheidenden Organe des Menschen am Zwerchfell festgemacht sind.«
»Und dann, was hilft dann?«, fragt mein Freund.
»Wann?«
»Wenn jemand schreit: Alles Fremde muss weg.«
»Natürlich ist man empört.«
»*Was hilft?*, war aber die Frage.«
»Jedenfalls wahrscheinlich gerade nicht, seinen eigenen Impulsen zu folgen und auch zu schreien, sich zu empören. Was soll aus Geschrei, aus Empörung anderes werden als genau die Feindseligkeit, die jene herbeisehnen, die eben nur mit Feindseligkeit umgehen können? Als Anders Breivik in Norwegen 77 Menschen ermordet hatte, reagierte der norwegische Ministerpräsident Stoltenberg mit einer positiven Vision: mehr Freiheit, mehr Demokratie, mehr Gemeinschaft. Als in Deutschland die AfD auftauchte und rechtsradikale Politiker wie Gauland oder Höcke die Gesellschaft unentwegt und systematisch mit ihren Reden provozierten, sprangen wir anfangs über jedes Stöckchen, das sie uns hinhielten, und regten uns auf über jeden ihrer dummen, stichelnden, rassistischen Sätze; besser wurde das erst, als sich die Gesellschaft über ihre eigenen Ziele klar wurde, als Bewegungen wie *En Marche* in Frankreich oder *Pulse of Europe* bei

uns auftauchten. Es geht darum: Was will ich eigentlich selbst? Man muss eine Haltung haben, man muss sie sich erarbeiten. Und es hilft reden. Es hilft der Versuch, zu überzeugen. Das hört nie auf, verstehst du? Und vielleicht heißt, seinen Verstand zu gebrauchen: zu verstehen, dass der andere seine Gründe hat, warum er sich verhält, wie er sich verhält, und versuchen, diese Gründe zu verstehen.«

»Also reden, reden hilft immer?«

»Immer.«

Um noch mal auf die Frage zu kommen, warum das Internet, das Weltgehirn, warum also ausgerechnet dieser weltumspannende Wissens-Fundus den Menschen in die altbekannte Enge des Denkens führen kann und zu einem Schutzraum wird, in dem man vor den Argumenten und Sichtweisen anderer gesichert ist: Der schon zitierte Zygmunt Bauman erzählte von den »zwei verschiedenen Welten«, in denen wir leben; er nannte sie die *Offline-* und die *Online-*Welt. Um den wesentlichen Unterschied zwischen diesen beiden zu beschreiben, benutzte er den Begriff der *Kontrolle*, er sagte, in der *Offline-Welt*, das heißt der Welt der anfassbaren und körperlich anwesenden Personen, der Gespräche und Dialoge, der Hierarchien und physischen Vorgänge, werde von jedem Menschen erwartet, sich einer gewissen Kontrolle zu unterwerfen, zu gehorchen, sich anzupassen, über seinen Platz, seine Rolle »und das Verhältnis zwischen Pflichten und Rechten zu verhandeln – all das bewacht und aufgenötigt durch die explizite oder vermutete Sanktion des Ausschlusses oder der Ausweisung«. In dieser Sphäre unserer alltäglichen Welt sehen wir uns unerwarteten Begegnungen gegenüber, wir haben es mit komplizierten, vielleicht nicht lösbaren Problemen zu tun, mit langwierigem Aushandeln, mit Problemen, die wir nicht einfach unter Kontrolle haben, sondern allenfalls mühsam unter Kontrolle bringen können.

Online ist das alles anders. »*Ich gehöre* der Offline-Welt, während die Online-Welt *mir gehört*«, schrieb Bauman, denn »online habe ich das Gefühl, Herr der Umstände und derjenige zu sein, der die Ziele vorgibt, der die Gehorsamen belohnt und die Widerspenstigen bestraft, der die furchterregende Waffe der Verbannung und des Ausschlusses in Händen hält«. Und weiter: »Wenn ich von der Offline- in die Online-Welt wechsle, habe ich das Gefühl, eine Welt zu betreten, die sich meinem Willen fügt und bereitwillig auf meine Wünsche eingeht.«

Denn *online* kann ich, wenn ich das möchte, mich vollständig in einer Gemeinschaft von Gleichgesinnten bewegen. Ich kann den Strom der Nachrichten, die mich erreichen, so ordnen, dass Informationen, die zu meinem

Weltbild nicht passen, von vorneherein aussortiert werden. Ich kann jemanden beschimpfen und ihn dann wegklicken, so dass seine Reaktionen gar nicht mehr zu mir vordringen. Ich kann alles Unlösbare und Ärgerliche aus meinem Blickfeld entfernen und das Leben in diesem Bereich zu einer Wohlfühlzone gestalten, in der die lästige Komplexität der Welt, ihre ganze Unübersichtlichkeit und Verworrenheit einfach nicht mehr existieren. Das Schwierige gibt es hier nicht mehr.

Wenn aber das Schwierige verschwindet, dies noch mal zum Thema *Lüge*, dann gibt es auch keine Wahrheit mehr, denn die Wahrheit ist, vor allem in unserer komplizierten und unüberschaubaren Welt, immer komplex, ambivalent oft, unklar, schwer herauszufinden. Sie kann unangenehm sein, weil es nicht leicht ist, mit ihr umzugehen. Und das Unangenehme versucht der Mensch ganz offensichtlich zu meiden, instinktiv vielleicht.

Wie wäre es übrigens jetzt, wenn wir uns rasch mal darüber klar würden, dass nicht nur simpel gestrickte und wirtschaftlich komplett abgehängte Mitbürger zu dieser Art des Umgangs mit der Wahrheit neigen?

Sondern wir alle.

Wir alle akzeptieren oft nur sehr ungern Tatsachen, die nicht zu unserem Weltbild passen, das ist ausgesprochen menschlich und auch nicht so schlimm.

Man sollte es bloß wissen und so anständig sein, es zuzugeben.

Ein Beispiel, das wir alle kennen. Die Ereignisse in der Silvesternacht 2015/16 auf der Kölner Domplatte waren mit den Sichtweisen mancher Menschen (auch meiner eigenen übrigens zu diesem Zeitpunkt) so wenig in Deckung zu bringen, dass sie, was geschah, auf der Stelle kleiner zu machen versuchten, indem sie es mit Grapschereien auf dem Oktoberfest verglichen, die dort an der Tagesordnung seien – als würde das irgendetwas verändern. Als die Polizei ein Jahr später, um einer Wiederholung dieser skandalösen Ereignisse vorzubeugen, ein besonderes Auge auf Nordafrikaner in Köln warf, war sofort von *racial profiling* die Rede, von rassistischer Polizeiarbeit also. Aber niemand von denen, die diesen Vorwurf erhoben, konnte eine Antwort auf die Frage geben, wie man denn um Himmels willen sonst polizeilich überhaupt arbeiten solle, wenn man nicht speziell jene kontrollieren dürfe, die nun einmal den Tätern vom Vorjahr irgendwie ähnelten. Und als die Kölner Polizei (die man nicht übermäßig in Schutz nehmen muss, weil ihre Arbeit um den Hauptbahnhof herum damals nicht zu den Glanzleistungen der Sicherheitsbehörden gehörte) den Ausdruck *Nafris* für »nordafrikanische Intensivtäter« benutzte, war das für manche anscheinend der größere Skandal als das, was auf der Domplatte tatsächlich geschehen war.

Die Journalistin und Schriftstellerin Verena Friederike Hasel hat, was da geschieht, in der *Zeit* einmal »die linke Variante von Fake-News« genannt. »Tatsächlich«, schrieb sie, »werden in meinem großstädtisch geprägten Bildungsbürgermilieu linksliberale Ansichten längst als die einzig wahre Form von Menschlichkeit gesehen.« Menschen schaffen sich da bisweilen eine eigene seelische Wohlfühlzone, indem sie von ihren moralischen Hochsitzen aus auf alles Jagd machen, was das eigene Weltbild stört. Das Unanständige an der politischen Korrektheit war schon immer das unentwegt Belehrende, das mit Erkenntnisgewinn nichts zu tun hat, aber viel damit, dass man sich selbst das gute Gefühl verschaffen möchte, auf der richtigen Seite zu stehen.

Wir beschäftigen uns hier nicht mit Flüchtlingspolitik, mit Migration und Globalisierung, sondern mit dem Begriff Anstand und mit der Frage unseres gesellschaftlichen Zusammenlebens – und dazu gehört: Wer die Globalisierung begrüßt, der sollte nicht vergessen, dass von einer solchen Offenheit in der Regel die profitieren, denen es ohnehin schon nicht schlecht geht, dass aber andere damit durchaus eine Menge Probleme haben können. Wer sowieso schon nicht besonders gut ausgebildet ist, hat plötzlich sehr viel mehr Konkurrenz, wenn es um Arbeitsplätze geht. Wer sich kein teures Apartment leisten kann, für den wird es noch schwieriger, eine günstige

Wohnung zu finden. Wer seine Kinder sowieso schon nicht zu den Schulen in den besseren Vierteln schicken kann, der sieht sie auf einmal tatsächlich als Deutsch sprechende Minderheit auf einem Schulhof, auf dem es nicht so nett und gut erzogen zugeht, wie man es gern hätte.

Und wer all das leugnet, der sollte sich möglicherweise nicht wundern, wenn man ihn für einen Bestandteil jener Eliten hält, die vom Leben anderer Schichten unseres Landes nichts wissen.

Es könnte sein, dass das einfach stimmt.

Der Londoner Publizist David Goodhart hat 2017 in seinem Buch *The Road to Somewhere* die *Anywheres* und die *Somewheres* in der britischen Gesellschaft unterschieden, die einen also, die mobil, urban, liberal sind, und die anderen, die an einem bestimmten Ort ihre Wurzeln haben. Und er hat seiner eigenen Gruppe (denn er selbst gehört durchaus zu den *Anywheres*) vorgeworfen, die *Somewheres* einfach vergessen zu haben und »die Massenzuwanderung zu enthusiastisch und deren Probleme zu gleichgültig« behandelt zu haben, wie er in einem Interview sagte. »Wir dummen Liberalen haben diese schrecklichen Leute (und damit meinte er die Brexit-Anhänger und Fremdenfeinde in seinem Land, Anm. d. Verf.) erst geschaffen. Wir haben in großem Stil versagt.«

Wer also halbwegs jung ist und anpassungsfähig, mehrsprachig und gut ausgebildet, wer keinen Grund hat, die Globalisierung zu fürchten, der sollte sich gut überlegen, ob es besonders anständig ist, sich über jene lustig zu machen, denen der Lauf der Welt im Moment ein bisschen zu rasant ist. Und die sich nach Beständigkeit sehnen, weil sie älter sind und nicht ganz so erfolgreich im Wirtschaftsleben waren oder, das soll es ja auch geben, nicht mit einem Elternhaus gesegnet, in dem man abends aus dem *kleinen Nick* vorgelesen bekam und jede Woche zur Geigenstunde gefahren wurde.

Ich halte es übrigens für ein großes Übel, sollte die Trennung verschiedener gesellschaftlicher Schichten bei uns noch weiter zunehmen als ohnehin schon. Um nur ein Beispiel zu nennen: Früher musste man einer allgemeinen Wehrpflicht nachkommen, die dazu führte, dass jeder von uns Gymnasiasten einige Monate seines Lebens eine Bundeswehrstube mit einigen Leuten seines Alters teilen musste, die nicht von seiner gesellschaftlichen Herkunft und seinem Bildungsstand waren, aber in manchem Fall anständigere Kerle als manche der uns bis dahin bekannten *Upperclass*-Söhne aus der Oberschule. Und wenn man den Wehrdienst verweigerte, dann hatte man einen längeren Zivildienst vor sich, in dessen Verlauf man mehr über das Leben lernte, als es jenen vergönnt ist, die heute gleich nach dem Abitur in die Hörsäle eilen, um dann möglichst bald, gut ausgebildet, dem Wirtschaftsleben zur Verfügung zu stehen.

Ehrlich, ich wäre dankbar gewesen, meine Bundeswehrzeit wäre mir erspart geblieben. Sie war, weil ich mich zum Soldaten nicht eigne (schon gar nicht zum Panzersoldaten, der ich sein musste), eine der schlimmsten Zeiten meines Lebens. Aber sie war gerade deswegen auch eine große Erfahrung, die mir das Gefühl vermittelte, etwas getan zu haben, das mir persönlich wenig nutzte, aber doch meinem Land.

Wie wäre es mit dem etwas in Vergessenheit geratenen Gedanken, dass man einer Gesellschaft nur angehören kann, wenn man ein Opfer für sie zu bringen bereit ist?

Es ist mir komplett unbegreiflich, wie es möglich war, dass die Wehrpflicht sang- und klanglos einfach ausgesetzt wurde, ohne dass man machtvoll ihre Ersetzung durch einen zivilen Dienst für jede und jeden verlangte, damit nicht das Gefühl verloren gehe, dass wir in diesem Land und in dieser Welt gemeinsam existieren.

Komplett unverständlich, wie gesagt.

Aber das nur nebenbei.

Sascha Lobo hat in seinem schon zitierten Vortrag eine Strategie für den Umgang mit dem Hass im Internet entworfen, die richtigerweise davon ausgeht, dass nicht jeder, der einer zum Teil rechtsradikalen Partei wie der AfD zuneigt oder sich in Internetforen rechtsradikal äußert, auch gleich ein Rechtsradikaler *ist* – da sind die Übergänge, wie so oft im Leben, fließend. Irgendwo fängt es an, und an einer anderen Stelle ist dann Schluss. Und vielleicht, das meinte Lobo, gelingt es, den Menschen dort zu erwischen, wo er sich noch nicht verschlossen hat und es einen Zugang gibt für den Verstand. Oder, um es mit Lobos Worten zu sagen: »Es scheint mir sehr häufig passiert zu sein, dass ich Menschen draußen als Nazis beschimpft habe, die in Wirklichkeit Ärsche waren«, und er selbst sei auch mal ein Arsch gewesen.

Sieh im anderen den Arsch, der du selbst schon mal warst!

So was nennt man Empathie, nicht wahr?

Und es bedeutet, dass man Leute eben nicht ausschließen, sondern zumindest den Versuch eines Gesprächs mit ihnen machen sollte, nicht mit den harten Rechtsradikalen natürlich, für die das nur eine gesellschaftliche Aufwertung wäre, sondern mit denen, die, wie Lobo sagte, »nicht so mitgekommen sind mit unserer gesellschaftlichen Entwicklung«.

Soll ja vorkommen, so was. Dass man nicht so mitkommt.

Jedenfalls schlug Lobo vor, mit dem einen oder anderen, der einen da anpöbele oder der irgendwelche fremdenfeindlichen und rechtsradikalen Thesen verbreite, eine Auseinandersetzung zu suchen und sich dabei grundsätzlich höflich, immer höflich zu verhalten, zurückhaltend, also eine Gesprächsebene zu finden, auf der man echte, interessierte Fragen stelle, die Meinung von dem, der sie habe, trenne (also sachlich bleibe), Verständnis zeige, eigene Schwächen anführe, indem man jemanden auch mal lobe (jetzt nicht gerade so, wie Lobo ironisch anführte: »Top-Rechtschreibung in deiner Holocaust-Leugnung«, sondern einfach: wenn man was Gutes sehe, es auch mal zu sagen), ihm recht gebe, ohne mit erhobenem Zeigefinger zu argumentieren, humorvoll, wenn es möglich sei, das alles mit dem Zweck, Empathie zu schüren, Zweifel zu wecken.

Mit einem Wort, würde ich sagen: vernünftig reden, um Vernunft zu wecken.

Interessanterweise erinnert das an ein Konzept, das der römische Kaiser Marc Aurel in seinen berühmten *Selbstbetrachtungen* aufschrieb. Er predigt dort »Wohlwollen im Verkehr mit den Menschen« – übrigens predigte er das eben nicht *anderen*, sondern vor allem *sich selbst*, denn die ganze Schrift ist eine Art Selbstermahnung, sie hieß sogar, worauf Karl-Heinz Göttert in seinem Buch hinweist, in ihrer ersten Druckauflage von 1559 (vorher gab es ja nur Handschriften): *An sich selbst*.

Marc Aurel schrieb: »Unerschütterlich ist dein Wohlwollen, wenn es wirklich echt, nicht etwa nur das Lächeln eines Heuchlers ist. Denn was soll dir der boshafteste Mensch anhaben können, wenn du unbeirrt freundlich zu ihm bist und ihn bei passenden Gelegenheiten sanftmütig warnst und, gerade in dem Augenblick, wo er dir Böses anzutun versucht, ihn in ruhigem, zurechtweisendem Tone etwa so anredest: ›Nicht doch, mein Sohn; zu etwas anderem sind wir geboren; mir zwar wirst du dadurch nicht schaden; aber dir selbst schadest du damit, mein Sohn!‹ Zeige ihm dann in schonender, wohlüberlegter Weise, dass dies auch wirklich so ist und dass selbst die Bienen und andere herdenweise zusammenlebenden Tiere nicht so verfahren. Du musst es aber ohne Spott und Übermut tun, sondern mit warmem Herzen und ohne alle Bitterkeit; und auch nicht wie ein Schulmeister, noch in der Absicht, damit die Bewunderung eines etwa dabeistehenden Dritten zu erregen, sondern unter vier Augen, nicht wenn andere dabei sind.«

Ach, hat man mal angefangen, Marc Aurel zu zitieren, kann man nicht mehr aufhören!

Also hier gleich noch ein paar Sätze.

»So oft du an der Unverschämtheit eines Menschen Anstoß nimmst, frage dich alsbald: Ist es auch möglich, dass es in der Welt keine unverschämten Menschen gibt?

Unmöglich. Verlange also nichts Unmögliches; denn eben jener Mensch ist einer von den unverschämten, die es in der Welt geben muss. Gerade so frage dich hinsichtlich der durchtriebenen Schlauköpfe, der Treulosen und jedes Fehlenden. Denn so wie du dir klarmachst, dass das Dasein von Menschen dieses Gelichters nun einmal nicht zu verhindern ist, wirst du auch gegen jeden einzelnen derselben milder gesinnt werden. Auch das ist gut, wenn man sogleich bedenkt, welche gute Eigenschaft die Natur dem Menschen gegenüber diesen schlechten Eigenschaften verliehen hat. Schenkte sie doch, wie eine Art Gegengift, dem Rücksichtslosen gegenüber die Sanftmut, einem anderen aber eine andere Gegenkraft, und überhaupt steht es ja in deiner Hand, den Irrenden eines Besseren zu belehren.«

Nun aber Folgendes: Wenn in einer Gesellschaft nicht-anständiges Verhalten, das es immer und überall gibt, ohne dass es die Regel ist, ständig belohnt wird, dann werden immer weniger Leute sich bemüßigt fühlen, noch anständig zu sein – und dann gewinnt irgendwann die Anstandslosigkeit die Oberhand. Man findet ja eine Rechtfertigung für eigenes im Grunde nicht zu rechtfertigendes Verhalten im Verhalten anderer. Dieses *Wenn der, dann ich aber doch auch* – wo fängt das an?

Ich kenne, zum Beispiel, eine alte Dame, weiß Gott nicht wohlhabend, ohne großes Vermögen, die hatte 5 000 Euro auf der hohen Kante, für den absoluten Notfall. Das Geld lag auf dem Sparbuch, aber eines Tages hat ihr die Bankberaterin gesagt, warum lassen Sie das auf dem Sparbuch, es gibt doch gar keine Zinsen mehr dafür heutzutage? Und die alte Dame, die diese Beraterin tatsächlich für eine Beraterin hielt, weil sie in einer Zeit groß geworden ist, in der in Banken tatsächlich Berater arbeiteten, nicht Verkäufer, die alte Dame also hat tatsächlich auf diese Frau gehört und ein Anlageprodukt gekauft, dass der Verkäuferin einen Bonus einbrachte und der Bank einen Verkaufszuschlag. Nur ihr, der alten Dame, brachte es nichts, denn aus den 5 000 Euro waren nach zwei Jahren 2 500 geworden.

Alles legal, ganz legal, und natürlich kann man sich auf den Standpunkt stellen, dass in unserer Gesellschaft jeder für sich selbst verantwortlich ist, solange sich alle im Rahmen des Rechts bewegen. Aber das war es doch genau, was der eingangs erwähnte Leser schrieb: Es gibt Dinge, die sind erlaubt, *und man tut sie trotzdem nicht*, aus einem ganz persönlichen Empfinden heraus tut man sie nicht, auch als Angestellte einer Bank nicht.

Nur ist diese Meinung einfach sehr selten geworden, wie denn auch nicht, wenn Banken heute die wildesten Geschäfte machen und sie dann, sobald diese wilden Geschäfte gescheitert sind, vor dem Bankrott bewahrt werden – unter anderem mit dem Geld alter Damen, das diese ein Leben lang als Steuern an den Staat gezahlt haben. Was soll man den Leuten auch sagen angesichts von Fällen wie dem jener Managerin des VW-Konzerns: Die Trägerin des Großen Bundesverdienstkreuzes mit Stern und Schulterband und frühere SPD-Politikerin verließ 2017 den Volkswagen-Vorstand, in dem sie für »Integrität und Recht« zuständig gewesen war, nach dreizehn Monaten mit einer Abfindung von 12,5 Millionen und einer lebenslangen Monatsrente von 8000 Euro, zahlbar schon ab dem 1. Januar 2019. Derselbe Konzern überwies seinen Vorstandsmitgliedern nach dem Jahr 2015, in dem der größte Verlust der Konzerngeschichte zu verbuchen war, immer noch Erfolgsvergütungen in Millionenhöhe.

Die Welt berichtete im April 2017, welche verheerenden Auswirkungen ganz offensichtlich das Verhalten führender Manager in Deutschland hat. Niemand, so schrieb die Zeitung, möge so recht glauben, dass man beispielsweise in den Chefetagen von Volkswagen oder der Deutschen Bank nichts von den Betrügereien der eigenen Angestellten gewusst hat. So entstehe, ob das nun stimme oder nicht, bei vielen Mitarbeitern der Eindruck, man nehme es dort oben mit ethischen Prinzipien nicht so genau. Folglich sei »die Bereitschaft groß, mit den vermeintlich gleichen Mitteln für sich selbst ebenfalls Vorteile herauszuholen«.

»Geradezu niederschmetternd« für die Deutschen, so die Zeitung, sei das Ergebnis einer Umfrage des Instituts Ipsos unter 4100 Unternehmen in 41 Ländern: Zehn Prozent der befragten Firmenangestellten in Deutschland wären, ohne mit der Wimper zu zucken, bereit, Behörden zu täuschen. Mehr waren es nur in Irland oder der Slowakei. Und ebenfalls zehn Prozent würden um des eigenen Vorteils willen auch das eigene Management belügen.

Man muss wissen, was man tut, wenn man Gier belohnt.

~

> »Was sagst du aber nun zum Beispiel«, fragt mein Freund, »zu manchen Marokkanern oder anderen Nordafrikanern, die zu uns kommen, wissend und kalkulierend, dass sie nicht lange werden bleiben können, dass sich diese Zeit aber gut und durchaus rentabel nutzen lässt für allerlei Kleinkriminalität? Sie fliehen nicht, weil sie von Folter bedroht gewesen wären, sondern sie hauen ab vor der Aussichtslosigkeit ihres Lebens. Aber hier bei uns stehlen sie und belästigen Frauen auf offener Straße und verstoßen gegen alle Regeln eines anständigen Lebens, ja, ihr

Verhalten lässt sich von Politikern bestimmter Art blendend nutzen, um generell Stimmung gegen Migranten und politisch tatsächlich Verfolgte zu machen.«

»Was heißt: sie verstoßen gegen die Regeln anständigen Lebens?«, sage ich. »In erster Linie verstoßen sie doch gegen das Recht, unser Recht, und dieses Recht muss man durchsetzen. Willst du einem, der als Zehnjähriger aus seinem marokkanischen Dorf abgehauen ist, wo ihn niemand braucht und niemand vermisst, willst du einem, der dann ein paar Jahre irgendwo dort auf der Straße lebte und sich irgendwie durchschlagen musste, willst du also dem mit unserem Begriff von Anstand kommen?«

»Aber natürlich«, sagt mein Freund. »Warum sollte für ihn nicht gelten, was für alle anderen gelten soll?«

»Vielleicht«, sage ich. »Vielleicht gebietet uns aber auch der Anstand, ihm klar zu sagen, dass er Probleme hat, die wir nicht lösen können.«

»Damit machst du es dir sehr einfach, oder?«

»Wirklich? Oder ist es nicht vielleicht im Gegenteil sehr schwer, sich einzugestehen, dass es Dinge gibt, die man nicht schafft?«

»Erst, wenn man wirklich genug versucht hat, oder?«

»Aber was ist das: genug? Wo ist die Grenze, wenn gleichzeitig nicht genug Geld da ist für die Schulen jener, die hier leben? Und die die bestehenden Schulen ja auch bezahlt haben.«

»Ist es nicht beschämend, so zu reden, in einem reichen Land?«

»Vielleicht. Aber was bedeutet die Floskel ›reiches Land‹ für einen jungen Arbeitslosen in Duisburg? Wir sind bei politischen Fragen, merkst du? Es geht um Verteilung von Geld, um Ausgeben und Nicht-Ausgeben, das ist Alltag in einer Demokratie. Was der Anstand gebietet, das ist: sich klarzumachen, dass wir vor solchen Fragen nicht fliehen können, wenn man in Marokko nur das Internet anschalten muss, um zu sehen, wie wir hier leben. Und worum es in diesem Zusammenhang geht: Dass in keinem Fall Feindseligkeit und Abwehr irgendeines unserer Probleme lösen werden, sondern immer nur Interesse und Zugewandtsein.«

Was ich ganz schön fände: wenn es gelänge, sich die Notwendigkeit einzugestehen, gewisse Kompliziertheiten unserer Welt auszuhalten, und zu verstehen, dass sie oft einfach nicht lösbar sind, obwohl man versuchen muss, sie zu lösen. Und dass man sich die Flucht ins Simple verbietet. Kurz: Ich bin ein Anhänger des inneren Widerspruchs, der Tatsache nämlich, dass man in einer außerordentlich unübersichtlichen Welt im Grunde manchmal gar nicht anders leben kann, als heute dies und morgen jenes zu denken, ja, sogar am selben Tage logisch sich widersprechende Standpunkte einzunehmen – und damit irgendwie zurechtzukommen.

Im Fernsehen sah ich, im April 2017, den Film *Der Bus, der Mob und das Dorf* von Klaus Scherer und Nikolas Migut über die Vorfälle vom Februar 2016 im sächsischen Clausnitz. Dort hatte ein Omnibus der Firma *Reisegenuss* einige Asylbewerber zu einer Unterkunft gebracht. Allerdings war er im Dorf von einem grölenden Mob aufgehalten worden (Wir sind das Volk! Haut ab nach Hause! Verpisst euch!), ein Traktor hatte sich quer auf die Straße gestellt, die Menschen im Bus wurden bedroht, die Polizei war überfordert, schließlich zerrte ein Polizist einen weinenden libanesischen Jungen aus dem Bus in die Unterkunft, durch die Meute hindurch. Und weil alles gefilmt wurde, war kurz darauf eine auf das Äußerste empörte Öffentlichkeit Zeuge dieses widerwärtigen Ausbruchs von Aggression unter anderem gegen mehrere kleine Kinder, gegen eine schwangere Frau, gegen Familien, die nach einer langen Flucht endlich etwas Ruhe und Sicherheit suchten.

Es hat solche und ähnliche Vorfälle immer wieder gegeben, vor allem in Sachsen, Krawalle, Geschrei, Ausschreitungen, in Freital, Meißen, Dresden, auch in der Kleinstadt Heidenau, deren immer wieder mutig auftretender CDU-Bürgermeister Jürgen Opitz sagte: »Ich weiß überhaupt nicht, wie man solchen Leuten noch Anstand beibringen soll.« Tatsächlich herrscht in vielen Gegenden Sachsens (und nicht nur dort) ein Klima, in dem sich manche Leute für nichts mehr schämen, nicht für obszöne Beleidigungen von Politikern, nicht für die eigene Verrohung, nicht für Drohungen mit Gewalt, nicht für den schmutzigsten Rassismus.

Kaum ein Ereignis aber hat die deutsche Öffentlichkeit so aufgewühlt wie das in Clausnitz.

Natürlich sah man in dem Film, was man erwartet hatte: einen erschütterten Bürgermeister, der sein Dorf in Schutz nahm, so gut es ging: einen Innenminister, der seine Polizisten verteidigte; Menschen, die ihre Namen nicht nennen wollten, weil sie Hassmails und Brandstiftung fürchteten; abwiegelnde Beamte; Wirtsleute, die erklärten, sie müssten sich raushalten und an ihr Geschäft denken.

Man sah den Jungen, der von dem Schutzmann im Klammergriff aus dem Bus geschleppt worden war. Er habe, erzählte er, im Leben ein großes Ziel: Polizist zu werden. Das werde er auch schaffen, und so wolle er gerne jenen Polizisten, dem er damals in die Hände gefallen sei, kennenlernen.

Das Filmteam leitete die Bitte weiter.

Der Polizist lehnte ein Treffen ab.

Warum ist es so schwer, das Wichtigste zu tun: zu reden?

Einer, der anonym bleiben wollte, von den Filmleuten als »Milieukenner« vorgestellt, sagte: »Ich sag's mal ganz einfach. Seit der Wende blutet dieser Landstrich genauso aus wie viele andere auch, übrigens nicht bloß im Osten. Die Dummen und Alten bleiben hier. Und um Nazi zu werden, muss man eigentlich nur eins sein: dumm.«

Dummheit, das sagt sich immer so leicht dahin.

Aber was heißt das genau in diesem Zusammenhang? Gibt es nicht jede Menge Menschen, die mit geistigen Gaben nicht besonders gesegnet sind und die sich dennoch einem so unanständigen Verhalten wie dem des Mobs vor dem Bus in Clausnitz verweigern würden?

Ja, muss man nicht geradezu die Dummen verteidigen gegen einen solchen Satz, der sie automatisch für unanständig erklärt?

Vielleicht sollten wir uns für einen Moment mit dem Begriff der Dummheit beschäftigen, bevor es weitergeht?

Also, kleine Abschweifung, die Dummheit betreffend.

Fangen wir so an: In der Zeitung sah ich, das ist schon eine Weile her, ein Foto zweier zauselbärtiger Anhänger des Islamischen Staates, die mit Eifer und zwei Presslufthämmern Gebäudereste der Ruinen von Palmyra bearbeiteten, um das, was ohnehin schon gesprengt worden war, weiter zu zerkleinern. Und mein Gedanke war: So sieht die Dummheit aus! Müsste man ihr ein Denkmal setzen, sollte man dieses Bild insgesamt in Stein hauen: Zwei, die sich in höherem Dienste wähnen, zermeißeln in blöder Hingabe Reste einer jahrtausendealten Kultur.

Nun ist aber natürlich die Frage: Braucht die Dummheit ein Denkmal? Ist sie uns nicht täglich präsent genug, sind wir nicht so umgeben von Dummheit, dass die ganze Welt ein einziges großes Dummheitsdenkmal ist?

Nun, da wollen wir uns doch erst einmal fragen, was Dummheit eigentlich ist. Mangel an Verstand? Ja, schon, aber dann sind wir natürlich alle gemeint, denn auch die Brillantesten unter uns kennen jene Momente, in denen ihr Verstand für eine Weile außer Haus ist. Um es mit Erasmus von Rotterdams *Lob der Torheit* zu sagen: Ohne gewisse Dummheiten käme der Mensch bisweilen nicht einmal auf die Welt.

Nein, darum geht es nicht. Und es geht hier auch nicht um jene schlichte Dummheit, die wir mit Erscheinungen wie Lothar Matthäus oder der unvergessenen Verona Pooth (früher: Feldbusch) in Verbindung bringen, denn die ist eine geradezu anmutige und helle, ja (wäre sie nicht gelegentlich enervierend) sogar sympathische und bisweilen poetische Erscheinung, wie Robert Musil 1937 in seiner Rede *Über die Dummheit* sagte: Frage man sie, was Religion sei, antworte sie: »Wenn man in die Kirche geht.« Und erkundige man sich: »Wer war Petrus?«, laute die Antwort: »Er hat dreimal gekräht.« Diese Dummheit, so Musil, habe »nicht wenig von den roten Wangen des Lebens«.

Die Dummheit, um die es hier geht, versteht man aber nur, wenn man Musil noch ein wenig in seinem Vortrag folgt, in dem er nämlich einen Mann namens Johann Eduard Erdmann zitiert, einen Philosophen des 19. Jahrhunderts, der die Dummheit von ihrer Praxis her zu verstehen suchte. Was ist die Praxis der Dummheit? Es ist, so Erdmann, die Rohheit, und was er gemeint hat, erkennt jeder sofort, der sie sieht, ob in einem Facebook-Post oder auf einer Pegida-Demonstration: die blanke, unverhüllte Mitleidlosigkeit, die Entkleidung des Menschen von jeder Zivilisation.

Diese Dummheit ist also nicht eine des Geistes, jedenfalls nicht in erster Linie. Es geht nicht um einen Mangel an Intelligenz: In diesem Sinne dumme Menschen können sehr intelligent sein – oder sagen wir besser: schlau? Nein, es geht um Seelendummheit, und um, wie Musil sagte, die Dummheit als »Gefühlsfehler«, die ihren Ursprung in Furcht vor dem Leben, in Angst vor der Zukunft, ja, in Panik hat. Und in der Unfähigkeit, damit auf andere Art als hassend umzugehen.

Diese Dummheit also bedeutet: sich bestimmten Gefühlen hinzugeben, ohne den Verstand (der doch jedenfalls in begrenztem Umfang da sein mag) auch nur ein einziges Mal einzuschalten, ja, ihn einfach zu leugnen.

Oft denkt man, wenn man wieder einmal auf eine menschenfeindliche Suada der mittlerweile bekannten Art in den ebenso sozialen wie unsozialen Medien stößt: Weg! Löschen! Verbieten! Wir müssen uns nicht alles bieten lassen! Andererseits: Hätten wir, stünde es nicht dort, nicht ganz vergessen, dass diese Art von Dummheit unter uns wohnt? Wie groß sie ist? Wozu sie vielleicht fähig sein mag? Dass sie ganz offensichtlich unvergänglich ist?

Eigentlich bräuchten wir nicht bloß ein Denkmal, nein, wir benötigten vielmehr so etwas wie ein Museum der Dummheit, eine Ausstellung ihrer Erscheinungsformen, eine Reflexion ihrer Ursprünge, eine Klärung ihres Begriffs, eine Betrachtung ihrer Schattierungen. Ein richtiges Museum mit Shop, Café, Video-Installationen, Bildern, Dokumentationen.

Eine Skulptur für den Eingang wüsste ich schon, wie gesagt.

»Übrigens ist es gar nicht immer so, dass der Verstand dafür sorgt, dass wir anständig handeln, manchmal ist es doch gerade ein spontanes Gefühl, oder?«, sagt mein Freund. »Fabian, der Held von Kästners Roman, springt, ohne nachzudenken, ins Wasser, um ein Kind zu retten.«

»Obwohl er nicht schwimmen kann«, sage ich.

»Und gab es nicht vor einer Weile die Geschichte dieses Kindes, das in New York auf ein U-Bahn-Gleis gestürzt war? Und ein Mann hüpfte hinterher, obwohl die Bahn bereits kurz davor war einzufahren. Er rettete das Kind. Beinahe hätte er es selbst nicht mehr geschafft, auf den Bahnsteig zurück zu klettern. Er sagte, er hätte sich nie verziehen, wenn er das nicht getan hätte.«

»In der Zeitung steht immer, Menschen hätten ›spontan‹ geholfen«, sage ich. »Man liest nie, jemand hätte ›nach langem Grübeln‹ Hilfe geleistet. Als im Juni 2017 drei Attentäter zuerst Menschen auf der London Bridge und dann am Borough Market töteten, stürzte sich als Erster ein Polizist mit dem Schlagstock auf sie. Eine andere Waffe hatte er nicht.«

»Aber manchmal schauen Leute in einer Menge zu, wie jemand verprügelt wird, ohne zu helfen.«

»Man nennt das *Bystander*-Effekt«, sage ich. »Sie hoffen, dass die anderen etwas tun. Und wahrscheinlich fühlen sie sich hinterher elend, dass sie nicht geholfen haben.«

»So wie andere, die sich moralisch aus irgendeinem Grunde sehr erhaben dünken, ausgesprochen mies handeln können. Der Mensch führt wohl eine innere Gut-Böse-Bilanz, ein moralisches Soll und Haben. Seltsam, sehr seltsam. Man kann ihm nicht trauen. Vielleicht kann man nicht mal sich selbst trauen.«

»Ich glaube, dass es anders ist«, sage ich. »Ich glaube, dass Menschen in solchen Momenten natürlich immer in einer kritischen Situation sind. Sie müssen sich im Bruchteil einer Sekunde so oder so entscheiden, für das Gute oder das Nicht-so-Gute. Und in diesem Sekundenbruchteil entscheiden sie auf der Basis der Haltung, die sie sich in ihrem bisherigen Leben erarbeitet und erkämpft haben. Deshalb sind diese dauernde Arbeit und der ständige Kampf um den menschlichen Anstand so wichtig.«

~

Zurück zum Film über Clausnitz. Man sah darin auch, womit man weniger gerechnet hatte, nach all den Bildern: dass es nämlich in Clausnitz sofort einen Helferkreis für die Flüchtlinge gegeben hat, zahlreiche Leute, die sich engagierten, die Menschen bei Behördengängen begleiteten, Sammlungen veranstalteten, Feste organisierten, Kontakte vermittelten. Eine Frau aus diesem Helferkreis, sie war bei der Ankunft im Bus gewesen, berichtete, jemand aus der Menge habe ihr zugerufen: »Monika, dein Haus brennt morgen.«

Wie bringt man solchen Leuten überhaupt noch Anstand bei?

Sagen wir erst mal so: Bestimmten Leuten bringt man natürlich nie Anstand bei, man muss nur zusehen, dass sie nirgendwo die Oberhand gewinnen und den Ton bestimmen dürfen.

Für diese Äußerung (in den Akten als »Monika, deine Bude brennt morgen« verzeichnet) gab es später einen Strafbefehl, der Täter musste 3600 Euro bezahlen. Die Frau sagte, den Mann habe sie natürlich gekannt, sie sei ihm später in der Kirche wiederbegegnet. Sie habe die Kollekte gehalten, er sei in der Bank gesessen, und später habe er an ihrer Tür geklingelt und sich entschuldigt. Er habe den Satz, sagte er, schon im selben Moment bereut. Sie habe die Entschuldigung angenommen. Und einige, so hieß es im Film, seien später zum Bürgermeister gegangen und hätten ihm gesagt, dass ihnen peinlich sei, wie sie sich verhalten hätten. Manche, die vor dem Bus standen, arbeiteten später im Helferkreis mit, womit wir wieder bei den fließenden Übergängen wären, bei Sascha Lobo und Marc Aurel: Manchmal werden Menschen, die gar nicht unanständig sind, von den Unanständigen einfach mitgezogen. Und sehr oft ist dort, wo man zunächst Verrohung sieht, noch etwas ganz anderes, das nur nicht zur Geltung gekommen ist, weil von den vielen Impulsen, die Menschen in solchen Situationen durchzucken, die falschen gewirkt haben.

Insgesamt, sagte der Film, gehe weiterhin ein Riss durchs Dorf, »weil man«, wie die zitierte Bürgerin sagt, »gar nicht weiß, wer wie überhaupt tickt«.

Bei denen jedoch, die halfen und helfen, weiß man es eben schon, und vermutlich werden sie sich mit ihrem Fleiß, ihrem Willen und ihrer Kraft durchsetzen, auch, weil sie die Mehrheit sind, leider eine stille und manchmal sogar schweigende, aber doch außerordentlich beharrliche Mehrheit. Ich kenne sehr viele solcher Menschen, die anderen helfen, ohne darum ein großes Gewese zu machen, Leute, von denen man oft erst nach ein wenig Nachfragen hört, was sie tun. Und sie sind, wie man an dieser Geschichte sehen kann, ungeheuer wichtig: Weil nämlich dann, wenn es kritisch wird und wenn die Haltung der Menschen auf der Probe steht, genau diese Leute mit ihrer Einstellung und ihrem Tun denen eine Orientierung bieten, die schwankend sind und manipulierbar, die Angst haben und ihr Fähnchen nach dem Wind richten.

Der Mensch ist ein Herdentier, er passt sich dem an,

was in seiner Herde gilt, an Normen und Standards des Verhaltens, ob man das gut findet oder nicht – und deswegen muss man aufpassen auf das, was gilt.

1994, 34 Jahre nach Albert Camus' Tod, erschien sein unvollendet gebliebener Roman *Der erste Mensch*. Das Manuskript hatte man am 4. Januar 1960 am Ort seines tödlichen Autounfalls nahe Villeblevin in Frankreich gefunden. Camus' Tochter Catherine hatte aber lange eine Veröffentlichung abgelehnt, weil sie vermutete, ihr Vater hätte den stark autobiographischen Charakter des Textes in einer späteren Fassung abgemildert.

In dem Buch geht es um die Identitätssuche eines Mannes namens Jacques Cormery, Algerienfranzose wie Camus.

Es gibt hier eine Szene, in der es um den Vater Cormerys geht, Henri Cormery, der 1905 als Zwanzigjähriger am Marokko-Krieg teilgenommen hatte. Ein Mann, der Schulrektor Levesque, der mit ihm zusammen im Krieg gewesen war, erinnert sich, wie sie beide nachts auf dem Weg zum Wachwechsel an einem felsigen Pass einen toten Kameraden gefunden hatten, »mit zurückgelegtem, sonderbar zum Mond verrenktem Kopf«. Zuerst erkannten sie ihn nicht, weil sein Gesicht seltsam verformt war. »Aber es war ganz einfach. Ihm war die Kehle durchgeschnitten worden, und diese fahle Geschwulst in seinem

Mund war sein ganzes Geschlechtsteil.« Man hatte es ihm abgeschnitten und in den Mund gestopft, genau wie dem zweiten Wachposten auch, den sie hundert Meter weiter fanden.

Cormery sei, so berichtete Levesque, ein einfacher, arbeitsamer, jedoch umgänglicher und gerechter Mensch gewesen – nie habe er ihn so erregt gefunden wie an diesem Tag. Die anderen seien keine Menschen, habe er gesagt, »ein Mensch macht so was nicht«. Levesque entgegnete, man sei ja nun mal in deren Land, sie verteidigten sich und wendeten alle Mittel an. Aber Cormery sei nicht zu beruhigen gewesen, er habe einen Tobsuchtsanfall bekommen und geschrien: »Nein, ein Mensch, der hält sich im Zaum. Genau das ist ein Mensch, oder sonst ...« Und, nachdem er sich beruhigt habe: »Ich bin arm, ich komme aus dem Waisenhaus, man steckt mich in diese Kluft, man zerrt mich in den Krieg, aber ich halte mich im Zaum.« Und, auf den Einwand, es gebe auch Franzosen, die sich nicht im Zaum hielten: »Dann sind sie auch keine Menschen.«

Folgt man Iris Radischs Biografie Albert Camus', dann handelt es sich hier um eine Szene aus dem Leben Lucien Auguste Camus', Alberts Vater (den er nie kennenlernte, weil dieser Vater wenige Monate nach der Geburt des Sohnes im Ersten Weltkrieg fiel). Auch der war Soldat im Marokko-Krieg, im Atlasgebirge. Und »ein Mensch hält sich im Zaum«, so Radisch, »das war der Ehrenkodex, der ihm vom Vater – weitergegeben über einen alten Lehrer, der den Vater gekannt hatte – überliefert wurde«.

Nun ist es etwas anderes, einem Menschen die Kehle durchzuschneiden und ihm sein Geschlechtsteil in den Mund zu stopfen, als sich vor einen Bus mit hilflosen fremden Männern, Frauen und Kindern zu stellen und sie zu bedrohen und anzupöbeln. Aber gegen jenen schlichten menschlichen Ehrbegriff, um den es hier geht, verstößt es zweifellos – und wie die Szene, in der jener Mann an der Tür klingelte und sich entschuldigte, zeigt, weiß das ja auch fast jeder Mensch.

Camus hat jenen so simplen wie grundlegenden Wert des Anstands in einem seiner berühmtesten Romane, *Die Pest* (1947 erschienen), noch weit deutlicher umrissen. In dem Buch schildert er den Verlauf eines Ausbruchs der Pestseuche in der Stadt Oran an der algerischen Küste, einem anfangs ahnungslosen Ort, in dem plötzlich die ersten Ratten sterben, dann schnell auch Menschen in großer Zahl befallen werden. Bald sind alle hier todgeweiht, die Tore werden geschlossen, keiner darf mehr hinaus, Tausende fallen der Seuche zum Opfer, einige kämpfen gegen sie, der Arzt Rieux und der Pater Paneloux zum Beispiel.

Am Ende ist die Epidemie niedergerungen, der Normalzustand tritt wieder ein, aber der Bazillus ist nicht zu besiegen, weil, wie es am Schluss heißt, »der Pestbazillus nie stirbt und nie verschwindet, dass er jahrzehntelang in den Möbeln und in der Wäsche schlummern kann, dass er in Zimmern, Kellern, Koffern, Taschentüchern und Papieren geduldig wartet und dass vielleicht der Tag kommen würde, an dem die Pest zum Unglück und zur Belehrung der Menschen ihre Ratten wecken und zum Sterben in eine glückliche Stadt schicken würde«.

»Diese Beschreibung trifft auf das Bakterium *Yersinia pestis* nicht zu«, las ich in Ute Heinrichs Doktorarbeit *Ärztliches Handeln in Camus' Roman »Die Pest«*. Das Bakterium überlebt nicht jahrzehntelang »in Papieren«. Das hat Camus sicherlich auch gewusst, und schon aus diesem Umstand und aus späteren Äußerungen Camus' selbst lässt sich erkennen, dass die Krankheit als Metapher dient, als Allegorie für das Böse, das den Menschen bedroht, in diesem Fall für den Nationalsozialismus. Denn in jenen Jahren, in denen Camus an dem Buch arbeitete, hielten die Nazis Frankreich besetzt, und Camus war auch an der Résistance beteiligt.

Der Arzt Rieux ist die Hauptfigur des Buches und – wie sich freilich erst am Ende herausstellt – auch der Autor der Chronik der Ereignisse in Oran, als die der Roman verfasst ist. Rieux kämpft gegen die Pest als Schicksalsmacht, und eigentlich ist er machtlos gegen all das Dunkle und Lähmende, ja, selbst der Schluss zeigt, dass die

Pest für den Moment zwar vorbei, aber nie ganz und gar besiegt ist, und während noch in *Der Fremde*, 1942 erschienen, von »der zärtlichen Gleichgültigkeit der Welt« die Rede ist, scheint hier nur Gleichgültigkeit zu herrschen.

Dennoch kämpft Rieux, weil dieser Kampf, so Camus, zur Natur des Menschen gehört. Das markiere, schreibt Iris Radisch, eine Veränderung in Camus' Schreiben, noch Meursault, der Held in *Der Fremde*, finde sein Glück in der Gleichgültigkeit, Rieux eben im Kampf, und beides gehöre für Camus zum Leben.

»Im Leben«, so beschreibt Radisch Camus' Denken, »existiert alles, was Vernunft und Ratio unterscheiden und hierarchisieren, neben- und durcheinander: die Gleichzeitigkeit des Ungleichzeitigen. Man ist immer und überall im Leben. Es überfällt uns mit einem plötzlichen, verrückten Glück, und es quält uns mit seiner sinnlosen Willkür.«

Angesichts dessen führt Rieux im Roman eine Diskussion mit dem Journalisten Rambert, es geht um die Liebe, den Tod, das Heldentum. Rieux jedoch sagt, bei dem Kampf, den sie hier führten, gehe es nicht um Heldentum.

›Es handelt sich um Anstand. Das ist eine Idee, über die man lachen kann, aber die einzige Art, gegen die Pest anzukämpfen, ist der Anstand.‹

›Was ist Anstand?‹, sagte Rambert, plötzlich ernst.
›Ich weiß nicht, was er im Allgemeinen ist. Aber in meinem Fall weiß ich, dass er darin besteht, meinen Beruf auszuüben.‹

Rieux ist Arzt. Ein Arzt will das Leiden seiner Mitmenschen beseitigen oder doch lindern, er hat die Mittel dazu, diese Mittel nutzt er. Er tut das, weil ihn das Leid anderer nicht kaltlässt, es berührt ihn, weil er mitleidet, weil er eine grundsätzliche Solidarität mit anderen Menschen empfindet. Und weil das so ist, arbeitet er, nüchtern, sachlich, tatkräftig.

Camus veröffentlichte 1943 und 1944 in Untergrundzeitschriften *Briefe an einen deutschen Freund,* in denen er schrieb, ihm sei es darum zu tun, »dass die Menschen ihre Solidarität wiederfinden, um den Kampf gegen ihr empörendes Schicksal aufzunehmen«. Nun, in dieser Zeit, seien, so seine Biografin Radisch, »die schlichten Anstands- und Ehrbegriffe des Bürgers gefragt. Für Camus ist eine Philosophie, die sich über die einfache menschliche Ehre – ›Ein Mensch macht so etwas nicht‹ – hinwegsetzt, nichts mehr wert.«

Wenn wir uns also am Anfang dieses Buches noch keinen ganz genauen Begriff von Anstand machen konnten: Hier sind wir jetzt näher dran.

Ein Mensch hält sich im Zaum.

Oder sagen wir so: Es geht, wenn es um Anstand geht, um eine grundsätzliche Solidarität mit anderen Menschen, ein Empfinden dafür, dass wir alle das Leben teilen, ein Gefühl, das für die großen und grundsätzlichen Fragen des Lebens ganz genauso gilt wie für die kleinen, alltäglichen Situationen.

~

»Im Grunde«, sagt mein Freund, »ist die Welt, in der wir leben, zu kompliziert für uns.«
»Das sagen die Populisten auch«, sage ich.
»Nein«, sagt mein Freund, »sie sagen, die Welt sei einfach, wir hätten sie nur verkompliziert, und dies könne man rückgängig machen. Aber das stimmt natürlich nicht. Wir wissen zum Beispiel zu viel.«
»Sollten wir weniger wissen?«, sage ich. »Das wäre die Donald-Trump-Lösung. Nichts wissen und trotzdem regieren. Man kann doch gar nicht genug wissen.«
»Aber es überfordert uns! Nein, es ist, wie es ist, das ist nicht zu ändern. Wir können heute im Prinzip fast alles wissen. Du weißt, dass dieses Bier, das du gerade bestellt hast, möglicherweise unter Bedingungen hergestellt wurde, die du nicht billigst. Du weißt, dass bei der Produktion der Avocado, die du gestern gegessen hast, mit Sicherheit sehr viel Wasser verbraucht wurde, und dass für das Feld, auf dem sie

wuchs, ein Wald gerodet wurde. Du weißt, dass der Skizirkus, wo du in den Ferien mit deiner Familie gastierst, die Umwelt der Alpen in eine lärmende, kreischende Industrie verwandelt hat. Du weißt das alles, wie wir eben heute fast alles wissen oder jedenfalls fast alles wissen könnten. Und du versuchst in diesem Wissen, ein richtiges und anständiges Leben zu führen, du tust also dieses nicht und jenes trotzdem, du lavierst und fühlst dich manchmal gut und bisweilen schlecht – aber wie man das alles eigentlich innerlich verarbeiten und zusammenbringen soll, davon hast du nicht wirklich eine Ahnung. Weil: Du hast nämlich auch noch einen Beruf und eine Familie und ein paar Sorgen, die nichts mit dem Zustand der Welt zu tun haben, du musst dich darum kümmern, und das kostet den Hauptteil deiner Energie. Dann ist für die Rettung der Welt möglicherweise nicht mehr genug übrig, mal davon abgesehen, dass du mit der Rettung der Welt sowieso überfordert bist, und dass ein Grundsatz des Lebens sein sollte: sich nicht zu überfordern. Denn wer überfordert ist, neigt zur Aggressivität, gegen andere oder gegen sich selbst. Das weiß jeder, der schon mal überfordert war. Und Aggressivität ist ein Teil des Problems, das wir hier behandeln.«

»Isst du Fleisch?«, frage ich.

»Warum?«, fragt er. »Findest du mich zu aggressiv? Findest du, dass Fleischessen aggressiv macht?«

»Weil es, wie wir vorhin schon besprachen, so viele Menschen beschäftigt, ob sie Fleisch essen sollten. Und wie viel.«

»Ich glaube, dass es viele Menschen überhaupt nicht beschäftigt«, sagt mein Freund. »Aber in den Kreisen, in denen du lebst und auch ich, beschäftigt es viele. Und bei den jungen Leuten werden es immer mehr, die es beschäftigt.«

»Jedenfalls sind über das Essen und das Nichtessen von Fleisch oder Nichtfleisch schon viele Bücher geschrieben worden«, sage ich. »Es handelt sich um eine von diesen Entscheidungen, die man heute treffen muss und die unsere Eltern noch gar nicht kannten.«

»Ich bin kein Vegetarier«, sagt mein Freund. »Ich liebe gute Wirtshäuser, und ich mag eine gute Schweinshaxe. Ich weiß, dass für die Schweinshaxe ein Schwein sterben musste, und deshalb halte ich es für eine Sünde, wenn die Schweinshaxe schlecht ist, weil ich es nicht mag, dass Schweine sterben müssen für schlechte Schweinshaxen mit einer ledernen zähen Kruste, die das Wort nicht verdient.«

»Vielleicht wird sich unsere Kultur ändern«, sage ich. »Vielleicht wird man uns eines Tages als barbarisch empfinden, weil wir Schweinshaxen essen, so wie wir heute die Azteken als barbarisch empfinden, weil sie Menschenopfer darbrachten. Für die Azteken war das aber richtig so.«

»Soweit du über die Azteken Bescheid weißt«, sagt mein Freund.

»Was ich sagen will: Früher haben andere die Entscheidungen für dich getroffen, die Gesellschaft, die Kirche, zum Beispiel. Heute trifft jeder die Entscheidungen selbst, sei es aus Gründen der eigenen Überzeugung, sei es, um, nachdem so viele Instanzen wie die Kirchen, die Gewerkschaften und so weiter an Bedeutung verloren haben, sich selbst auf irgendeine Weise eine Instanz zu sein, die ein wenig Kontrolle hat über die Welt.«

»Macht die Sache nicht einfacher«, sagt mein Freund.

»Das ist es ja, womit viele nicht zurechtkommen«, sage ich und trinke von meinem Bier. Es entsteht eine Pause.

»Übrigens glaube ich nicht, dass wir zu viel wissen«, sage ich dann. »Ich glaube, wir wissen oft viel zu wenig. Wir haben das Gefühl, viel zu wissen, weil wir in jeder Sekunde irgendwie informiert oder jedenfalls mit Informationen beballert werden, aber in Wahrheit kennen wir oft nur Zwischenstände oder oberflächliche Bilder, wir erkennen Zusammenhänge nicht, uns fehlen Hintergründe, wir reagieren dann impulsiv und spontan, nur so ist doch dieses Hin und Her der Politik zu erklären, der wir heute ausgesetzt sind, die wir aber selbst mitbestimmen.«

»So ist das eben heute«, sagt mein Freund achselzuckend. »Was willst du tun?«

»Zumindest sollte man sich bewusst sein, dass es so ist«, sage ich. »Es wäre anständig, sich das selbst einzugestehen, es wäre vernünftig, den Zweifel als Tugend zu sehen und die Selbstgewissheit gering zu schätzen.«

Ich las, während ich an diesem Text arbeitete, das Buch *Tribe – Das verlorene Wissen um Gemeinschaft und Menschlichkeit* des Amerikaners Sebastian Junger. Junger beschäftigt sich mit den seelischen Bedürfnissen des Menschen in der Gemeinschaft, er wirft die Fragen auf, warum viele amerikanische Siedler, ihre Frauen und Kinder vor Jahrhunderten, nachdem sie aus der indianischen Gefangenschaft, in die sie geraten waren, befreit worden waren, doch zu den Indianern zurückkehrten, um mit ihnen zu leben. Warum sich Soldaten nach Kriegseinsätzen freiwillig zu neuen melden und das Leben in der modernen, komfortablen Gesellschaft nicht ertragen. Warum sich Menschen, die den Bombenterror der Nazis in London erlebten und überlebten, seltsamerweise überwiegend positiv an diese Zeit erinnern. Warum psychiatrische Erkrankungen sofort verschwinden, wenn Menschen unter einer äußeren Bedrohung zusammenstehen müssen. »Warum«, so zitiert Junger einen amerikanischen Beobachter des Bombenkriegs in England, »verursachen große Katastrophen eine so gesunde mentale Verfassung?«

Er selbst schreibt: »Entbehrungen machen dem Menschen nichts aus, er ist sogar auf sie angewiesen; worunter er jedoch leidet, ist das Gefühl, nicht gebraucht zu werden. Die moderne Gesellschaft hat die Kunst perfektioniert, den Menschen das Gefühl der Nutzlosigkeit zu geben.«

Ein solches Gefühl, so Junger, habe in einfachen Stammesgesellschaften nie existiert, jeder habe dort seinen Platz und seine Aufgabe gehabt, die Gemeinschaft habe dem Leben Sinn, Perspektive und Struktur gegeben. Der Mensch habe »eine ganz ungeheuer beruhigende Verbindung mit anderen erfahren«. Soziale Unterschiede, Wohlstandsdifferenzen, Statusprobleme seien dort nicht vorhanden gewesen. Und ganz offensichtlich kehre der Mensch in bestimmten Situationen automatisch zu diesem ihm genetisch eingeprägten Verhalten zurück, man sieht das ja, füge ich hinzu, in Städten, die von einem Attentat betroffen sind, denn gleich darauf erscheinen immer diese Zeitungsartikel, in denen vom unglaublichen Zusammenhalt der Bevölkerung die Rede ist. Fehle die Bedrohung, so Junger, verliere der Bürger sich wieder in der Moderne, die nichts kenne als das Eigeninteresse und alle damit verbundenen persönlichen Schwierigkeiten.

Genau das ist es, was wir auch bei Harari und Appiah lesen können: Der Mensch ist mit seinen Emotionen und Instinkten über Zehntausende von Jahren in kleinen lokalen Gemeinschaften geprägt worden, die geben ihm Sicherheit. Verliert er sie, wird er verletzlich und gestresst. Solange man das nicht verstanden hat, kann man unsere Probleme in der Moderne nicht erklären.

Er kenne, so Junger, das Gefühl, aus einem Kriegsgebiet nach Amerika zurückzukommen, er habe das oft erlebt: dem Schock über das Maß an Komfort und Wohlstand folge »die finstere Erkenntnis, dass wir in einer Gesellschaft leben, die mit sich selbst im Krieg liegt«. Die Einkommenskluft werde tiefer, die zwischen den Rassen auch, die älteren Menschen hätten am Leben kaum teil, Amokschießereien gebe es in den USA so oft, dass sie nur noch höchstens zwei Tage lang in den Nachrichten vorkämen. Und die Verachtung, mit der die Menschen über die jeweils anderen, die Reichen, die Armen, die im Ausland Geborenen, die Politiker redeten, sei schockierend. Man betone unentwegt die Unterschiede, alle Aufmerksamkeit richte sich darauf. Aber, diese Frage wirft Rachel Yehuda, eine Psychiaterin im Mount Sinai Hospital, im Gespräch mit Junger auf: Könne man so zusammenleben? Müsse man sich, wenn man zusammen sein wolle, nicht auf das Verbindende konzentrieren?

Was ist das Verbindende?

Vielleicht: die gemeinsame Menschlichkeit?

Junger schreibt, Camus dabei sehr nahe, das »Empfindungsvermögen für Solidarität ist der Kern dessen, was es bedeutet, Mensch zu sein«.

Sein Buch behandelt Amerika, aber es zeigt doch, wo die Bedrohungen unserer wie überhaupt jeder Gesellschaft liegen, in den USA, in Großbritannien, bei uns. Es geht um das Auseinanderdriften dieser Gesellschaften.

Es ist überall das Gleiche. Da sind Menschen, die sich vergessen fühlen, die nicht mehr verstehen, warum ihre Art des Lebens nichts mehr gelten soll.

Es geht um solche Fragen:

Warum in London 2017 ein Hochhaus abbrennt und aufgrund katastrophaler Baumängel fast achtzig Menschen sterben müssen, während nur wenige Straßenzüge weiter luxuriös renovierte Häuser leer stehen, weil ihre Besitzer sie nur als Geldanlage gekauft haben.

Warum für eine Familie im *Rust Belt* der USA, in der der Vater seit 25 Jahren keine Lohnerhöhung mehr bekommen hat, die Krankheit eines Kindes die Vernichtung der Existenz bedeuten kann, ja, warum die Finanzkrise 2008, verursacht von betrügerischen Bankern, neun Millionen Amerikanern die Jobs kostete, drei Millionen Familien das Heim, warum sich die Arbeitslosenquote auf zehn Prozent verdoppelte (und damit, so Junger, kostete dieses Desaster auch Menschenleben, denn seit hundert Jahren korreliert mit der Arbeitslosenrate die der Selbstmorde) und warum, obwohl dies alles geschah, die Verantwortlichen nicht nur nicht zur Rechenschaft gezogen, bestraft, gebrandmarkt, sondern im Gegenteil mit weiteren Bonuszahlungen belohnt wurden.

Wie eine Gesellschaft zusammenhalten soll, zu der Menschen mit neuen Sicht- und Lebensweisen, Sprachen, Religionen gehören und in der zugleich Leute Angst haben, ihr gewohntes Leben nicht mehr führen zu können.

Die Zeit hat im März 2017 eine Unternehmerin, einen entlassenen, nun als Hausmeister jobbenden Leiharbeiter bei VW, einen Staatsanwalt, eine Flüchtlingshelferin und eine alleinerziehende Mutter über ihre sehr unterschiedlichen Lebensläufe und ihren Alltag befragt und schrieb darüber schließlich, es falle irgendwann eine Gemeinsamkeit auf: »Immer geht es darum, dass Dinge ins Rutschen geraten sind, die eigentlich selbstverständlich sein sollten und vielleicht auch einmal selbstverständlich waren in diesem Land: Dass es bei der Auftragsvergabe des Staates fair zugeht. Dass sich Manager nicht maßlos bereichern. Dass die Opfer einer Straftat im Mittelpunkt stehen sollten, nicht die Täter. Dass, wer nach Deutschland kommt, sich an die Regeln zu halten hat, die hier gelten. Oder dass ein Vater sich um den Unterhalt seiner Kinder kümmert.«

Eigentlich geht es immer um die Tatsache, dass Menschen sich nicht anständig verhalten.

~

»Ist es nicht offensichtlich, dass eine Gesellschaft Ungleichheit nur in begrenztem Ausmaß aushalten kann? Weil ihr sonst nämlich das Gefühl des Zusammenhalts verloren geht?«, sagt mein Freund. »Ich habe sogar mal gelesen, je größer die Ungleichheit in einer Gesellschaft, desto höher sei die Zahl der Morde. Ungleichheit und Gewalt korrelierten also miteinander.«

»Interessant«, sage ich. »Heute Morgen habe ich ein Interview mit Oskar Negt gelesen, dem Soziologen. Es ging um die Studentenbewegung 1968, der Negt ja verbunden war, er war einer der Wortführer der APO, und es ging natürlich auch um die populistischen Politiker heute, über die Negt sagt: ›Das Ausmaß der Verwahrlosung und der Missachtung des bürgerlichen Anstandes in dieser Dimension habe ich tatsächlich nicht für möglich gehalten.‹ Und mich hat plötzlich die Verwendung der Worte ›bürgerlicher Anstand‹

durch einen ja ausgesprochen linken Sozialphilosophen beschäftigt.«

»Warum?«

»Weil ich seltsamerweise mit dem Begriff auch in Verbindung bringe, dass Reichtum, nein, nicht Reichtum, sondern: ein bestimmter Umgang mit dem Reichtum, irgendwann obszön wird. Das ist nun überhaupt nicht soziologisch gedacht, sondern ziemlich simpel. Bürgerlicher Anstand bedeutet zum Beispiel, dass ein Mensch auch seine eigene Gier im Zaum hält, dass er seinen Reichtum nicht derart geradezu pornografisch zur Schau stelle, wie manche es tun. Ein Mensch tut das einfach nicht.«

»Und wenn doch?«

»Dann ist es schon Ausdruck einer Zerstörung dessen, was du ›Zusammenhalt‹ genannt hast. Wenn auf der einen Seite Leute in einem Ausmaß reich werden, dass es einfach nicht mehr zu begreifen ist, und auf der anderen Seite kleine Leute nicht mal eine Krankenversicherung haben – wie soll das funktionieren? Dann muss es ein Land irgendwann zerreißen.«

»Dann wäre der Verlust des bürgerlichen Anstands aber nicht Ursache dieser Probleme, sondern eher ihr Ausdruck?«

»Könnte man so sagen. Aber gleichzeitig befördert dieser Verlust das Problem immer noch weiter. Eine

Art Spirale. Wir reden übrigens immer noch von Amerika, oder? Vielleicht kann man sagen, dass wir in Deutschland zum Beispiel mit unserer Sozialgesetzgebung den Anstand zum Gesetz gemacht haben?«
»Ich würde den Begriff nicht überstrapazieren«, sagt mein Freund.

Ehrlich gesagt, habe ich Zweifel an manchem, was Junger da schreibt, an der Idealisierung des Indianerlebens zum Beispiel, oder an der Tatsache, dass man sich ans Leben in einem Londoner Bunker mit ausschließlich nostalgischen Gefühlen erinnere. Meine Großeltern verbrachten viel Zeit in Bunkern, nicht in Londonern freilich, sondern in deutschen – und ich hatte immer das Gefühl, diese Zeit habe schwere Traumata in ihnen hinterlassen, Schäden freilich, über die damals niemand redete. Im *Guardian* las ich über Jungers Buch: Zu behaupten, der Zusammenhalt in den Bunkern sei so groß gewesen, dass die freiwilligen Ordnungskräfte nie die Polizei hätten rufen müssen, um für Ordnung zu sorgen, sei einfach falsch. »Polizei und Aufseher waren entscheidend für die Aufrechterhaltung der Ordnung und für die Beendigung ständig ausbrechender Auseinandersetzungen.« Und die zitierte Verminderung psychischer Erkrankungen habe doch möglicherweise einfach damit zu tun, dass man in den

Krankenhäusern Kriegsverletzten den Vorrang habe geben müssen. Und dann: Sei nicht ein großer Teil der Weltbevölkerung immerzu irgendwie bedroht und in Gefahr? Und führe das tatsächlich zum Zusammenstehen? Seien nicht die Folgen im Gegenteil oft fürchterliche Bürgerkriege?

Andererseits sind das möglicherweise nicht die Punkte, auf die es hier ankommt. Wichtiger ist doch, jedenfalls für unser Thema hier: dieser Schrei (anders kann man es kaum ausdrücken, wenn man dieses Buch gelesen hat) nach einem sinnvollen Leben des Menschen in der Gemeinschaft mit anderen, ein Leben, das uns ganz offensichtlich in kleineren Zusammenhängen leichter fällt als in jenen großen, in denen wir es heute führen müssen.

Jemand hat mal zu mir gesagt, wenn es um die Gemeinschaft gehe, gebe es zwei große Ängste des Menschen: von ihr ausgestoßen zu sein oder in ihr als Individuum zu verschwinden. Und seine Sehnsucht sei, mit anderen leben zu können, wie man ist, und dabei seinen Beitrag leisten zu können. Eine Aufgabe zu haben. Gebraucht zu werden.

In einer von der Globalisierung geprägten Gesellschaft aber haben viele Menschen das Gefühl, nicht gebraucht zu werden. Man nimmt ihnen den Stolz und verweigert den Respekt. Sie gibt ihnen den Eindruck, nicht mitbestimmen zu dürfen, nur dazuzugehören, wenn sie stumm mitmachen: Das ist das Empfinden, das viele haben, wenn sie an Europa denken, an ein Abkommen wie TTIP, oder auch an eine Regierung, die erklärt, es sei unmöglich die Grenzen des eigenen Landes oder des Kontinents zu kontrollieren. Die Kontrolle, die man haben möchte, wenn es um das eigene Leben geht, eine Kontrolle, die von der Demokratie ja auch versprochen wird, geht verloren. Und Menschen versuchen auf allen möglichen verzweifelten Wegen, sie zurückzubekommen.

Ging es nicht am Anfang irgendwann darum, dass Menschen jeden Anstand vergäßen und in einem Verkehrsstau Rettungskräfte behinderten, weil sie einfach ihr Auto stehen ließen, um die Unfallstelle anzusehen und zu filmen? Was wäre, wenn dieses in der Tat unerträgliche Verhalten auch etwas mit dem Ausgeliefertsein zu tun hat, das man nicht ertragen kann: in seinem Auto zu sitzen und nichts tun zu können? Was wäre, wenn es eigentlich nicht um das Glotzen und das Filmen und die Neugier ginge, sondern ganz simpel um das Bedürfnis, *etwas zu tun*?

Sieht man nicht manchmal Menschen im Stau sinnlos hupen oder andere anbrüllen?

Wie wäre es mit dem Gedanken, nur mal so jetzt: dass Trump oder Le Pen oder FPÖ oder AfD oder den Brexit wählen im Prinzip das gleiche Verhalten ist? Sinnloses

Hupen? Dummes Gebrüll? Ein Verhalten, das jeden Anstand vermissen lässt?

Aber erklärlich?

~

»Ist es eigentlich naiv«, frage ich meinen Freund, »wenn ich der Ansicht bin, dass man im Leben von einer prinzipiellen Freundlichkeit anderen Menschen gegenüber sein sollte?«

»Du hast doch vorhin schon selbst Marc Aurel zitiert«, antwortet er. »›Denn was soll dir der boshafteste Mensch anhaben können, wenn du unbeirrt freundlich zu ihm bist ...‹ Was die Freundlichkeit angeht, so hat übrigens immerhin Angela Merkel mal gesagt: ›Ich muss ganz ehrlich sagen, wenn wir jetzt anfangen, uns noch entschuldigen zu müssen dafür, dass wir in Notsituationen ein freundliches Gesicht zeigen, dann ist das nicht mein Land.‹«

»Ich meinte nicht nur ›in Notsituationen‹, ich meine ganz grundsätzlich: immer erst einmal den Menschen freundlich begegnen.«

»Warum sollte man das tun?«

»Vielleicht, weil es der einzige Weg ist, die Welt wirklich zum Positiven hin zu verändern. Du wirst scheitern, wenn du versuchst, andere Menschen zu ändern, denn der einzige Mensch, den du wirklich ändern kannst, bist du selbst. Und wenn du selbst der Welt freundlicher entgegentrittst, hast du sie möglicherweise schon ein wenig gebessert.«

»»Wie viel Muße gewinnt der, der nicht auf seines Nächsten Reden, Tun oder Denken sieht, sondern sich nur darum kümmert, ob seine eigenen Handlungen gerecht, fromm und gut sind; sieh also nicht die schwarzen Laster der Umgebung, sondern wandle auf eigener Bahn deinen Lauf unbeirrt.‹«

»Auch Marc Aurel?«

»Natürlich.«

»Reicht das als Antrieb?«, frage ich. »Wenn es nicht reicht, dann füge ich einen weiteren Gedanken hinzu, der jetzt aber mal nicht von Marc Aurel ist, sondern von einem Bekannten, der zusammen mit seiner Frau eine Ehetherapie gemacht hat. Er erzählte mir, wie viele Sitzungen beim Therapeuten sie beide damit verbracht hätten, sich gegenseitig Vorwürfe zu machen, und wie jeder Satz immer mit einem *Du* begonnen habe: Du hast schon wieder, du musst endlich, du wirst nie, du sagst immer … Erst als es dem Therapeuten irgendwann einmal gelungen sei, klarzumachen, dass der jeweils andere doch gar nichts Schlechtes für sie beide wollte, sondern nur etwas anderes. Dass dies aus guter Absicht heraus geschehe. Dass es vielleicht sogar das Bessere sei. Man es vielleicht gar nicht ablehnen müsse, vielleicht einen Kompromiss finden oder sich gar überzeugen lassen könne. Oder den anderen überzeugen. Erst also, als die beiden erkannt hätten, dass der andere nicht ihr Gegner sei, sondern ein Mensch mit eigenen und vielleicht gar nicht so schlechten Zielen für sie beide oder einer, der möglicherweise nur Angst habe – erst da also, als die beiden begonnen hätten, einander wirklich einmal zuzuhören: da sei alles anders geworden.«

»Wie hat Fallada über Kästner gesagt?«, fragt mein Freund. »Der Mensch sei nicht gut, aber man könne ihn bessern? Also sagen wir lieber: Der Mensch ist nicht gut, aber jeder von uns kann sich bessern?«

»Das würde jedenfalls bedeuten, dass Freundlichkeit ihren Grund darin hätte, dass man den anderen nicht von vorneherein als Gegner sieht? Ich würde sagen: dass man ihn überhaupt sieht. Und nicht nur bei den eigenen Gedanken und Empfindungen verharrt, sondern versucht, sich in die Gedanken und Empfindungen des anderen hineinzuversetzen.«

»Auch in gesellschaftlichen Debatten?«

»Gerade in gesellschaftlichen Debatten.«

»Aber da geht es um Macht.«

»Geht es das in Ehen nicht?«

»Freundlichkeit wird ausgenutzt werden.«

»Ich habe ja nicht gesagt, dass du blöd sein sollst. Ich

meine: freundlich. Dass die Welt voller mieser Typen ist, wissen wir ja, das wird auch so bleiben. Aber man muss ja nicht zulassen, dass die miesen Typen die Atmosphäre vergiften. Und man muss ja auch nicht freundlich bleiben, wenn es nicht mehr geht. Und man muss deswegen auch nicht undeutlich sein, man muss sagen, was man will und was nicht, was man richtig findet und was nicht. Aber grundsätzlich freundlich.«

»Was heißt *freundlich* dann?«

»Weißt du«, sage ich, »ich kannte einmal jemanden, der immer dann, wenn es laut wurde und heftig, sagte: ›Alle Menschen wollen frei und glücklich sein.‹ Er behauptete, das sei ein buddhistischer Sinnspruch.«

»›Alle Menschen wollen glücklich sein‹, das ist ein Zitat aus Aristoteles' *Nikomachischer Ethik*«, sagt mein Freund.

»Wie meinte er das? Was bedeutet es?«

»Für Aristoteles«, sagt mein Freund und holt tief Atem, »ist das Ziel des Menschen das Glück, besser gesagt: die Glückseligkeit, wobei er darunter nicht etwa eine Glückseligkeit in der Ewigkeit meint, sondern ausschließlich eine im Diesseits. Und übrigens ist Glückseligkeit eine etwas unzulängliche Übersetzung des griechischen Begriffs *eudaimonia*; damit ist kein seliger oder gar euphorischer Zustand gemeint, eher so eine Art Stimmigkeit des Lebens, das Halten von Mitte und Maß. Aber meistens sagt man halt im Deutschen doch ›Glückseligkeit‹. Der Mensch, so steht es bei ihm, ist ein Gemeinschaftswesen, er kann ausschließlich im Staat mit anderen zusammenleben, das ist seine Natur. Er kann sein Glück nicht in der Einsamkeit finden, nur in der Gemeinschaft. Deshalb ist es auch Aufgabe des Staates, die Glückseligkeit des Menschen zu befördern, er soll sozusagen die Rahmenbedingungen für das Glück des Menschen gewährleisten: Sicherheit, Wohlstand und so weiter. Denn die Glückseligkeit des Menschen besteht in einem tugendhaften, die eigenen Fähigkeiten entfaltenden Leben. Um zu bestimmen, was Tugend heißt, beschreibt Aristoteles sozusagen das Spezifische des Menschen im Unterschied zu anderen Lebewesen. Dieses ihm Besondere ist der Verstand, das Nachdenken, die Vernunft. Ein Mensch lebt tugendhaft und sich selbst gemäß, wenn er sich entweder der Kontemplation hingibt, oder wenn er tätig ist und sich dabei seines Verstandes und seiner Klugheit bedient. Nur so kann er die Glückseligkeit oder eben Stimmigkeit im Leben erreichen.«

»Das klingt großartig, wohl dem, der so kluge Freunde wie dich hat!«, sage ich. »Aber so hat mein Bekannter das damals nicht gemeint. Er wollte sagen: Wenn du einmal erkannt hast, dass all die anderen, oder sagen wir die meisten (denn ein paar Psychopathen, Grundwiderlinge und so weiter gibt es ja doch), die dir vielleicht gerade im Weg sind oder deine Ziele nicht teilen, die mit dir streiten oder dich behindern, dass sie also im Grunde die gleichen Ziele haben wie du, nämlich ein wenig Sicherheit für sich oder ihre Familie, etwas Freude für ihre Kinder oder meinetwegen ein Stück Glück, dass wir also alle im Grunde das Gleiche wollen ... Wenn du das mal erkannt hast und begriffen, dann wirst du anders mit den anderen umgehen, als wenn du das nicht siehst.«

»Kennst du das Buch *Das hier ist Wasser* von David Foster Wallace?«, fragt mein Freund. »Diese Rede, die er 2005 vor dem Abschlussjahrgang des Kenyon College in Ohio hielt?«

»Brillant«, sage ich. »Ein großartiger Text.«

Wer war David Foster Wallace?

Geboren 1962, gestorben 2008 (Todesursache: Selbstmord nach Jahrzehnten zuletzt offensichtlich unerträglich gewordener Depressionen), mathematisch und auch sonst hochbegabt, talentierter Tennisspieler, mehrere Sachbücher, darunter der Essay *Am Beispiel des Hum-*

mers, in dem es, kurz gesagt, um die Frage geht, ob es moralisch vertretbar ist, Hummer zu essen, einige Erzählungen, darunter *Kurze Interviews mit fiesen Männern*, sehr lesenswert, dazu ein Romanfragment und ein ziegelsteindicker Roman namens *Unendlicher Spaß*, der am Stück praktisch unlesbar ist und dennoch zu den großartigsten Büchern gehört, die ich kenne, weil ...

Ach, darüber müssen wir ein anderes Mal reden.

Jedenfalls: Wallace geht von etwas aus, das er Standardeinstellungen beim Menschen nennt, *default settings*, die Einstellungen also, mit denen der Mensch als Normalmensch sozusagen von der großen Leute-Fabrik ausgeliefert wird und mit denen er mühsam seinen Alltagstrott bewältigt, den Stau auf verstopften Straßen zum Beispiel, das hektische, von Kommerzpop berieselte Eingekaufe zwischen lauter erschöpften, nervigen Leuten, die vor Erschöpfung halb tote Kassiererin und und und ... Wallace: »Und es hat ganz den Anschein, als stünde die ganze Welt *mir im Weg*, und wer zum Teufel sind diese ganzen Leute, die mir im Weg stehen?«

Es ist also dieses Gefühl gemeint, mit dem man sich als der Mittelpunkt des Universums fühlt und alles andere als störend empfindet. Und, wie Wallace schreibt: »Es geht darum, dass genau bei diesem banalen, frustrierenden Kleinkram die Arbeit des Entscheidens einsetzt.«

Das heißt, die Standardeinstellungen zu verlassen, die automatischen, unbewussten Haltungen, und die Welt einfach *anders zu sehen*. Also: *zu sehen*, zum Beispiel, »dass alle anderen in der Kassenschlange genauso genervt und frustriert sind wie ich und dass manche von ihnen ein insgesamt schwereres, öderes oder leidvolleres Leben führen als ich«.

Dass also (und ich nenne hier jetzt eigene Beispiele, nicht solche, die Wallace in seinem Buch aufzählt) die schmierig-aufgebrezelte Frau, die sich an der Käse-Theke gerade so unverschämt vorgedrängelt hat, vielleicht daheim ihre demente Mutter pflegt und deshalb nicht die geringste Zeitmarge hat, die sie hier opfern könnte. Dass der Typ mit den gegelten Haaren, der sich, obwohl (oder weil) er dich kommen sah, den letzten Einkaufswagen geschnappt hat, möglicherweise heute einen so herben Anschiss seines Vorgesetzten bekommen hat, dass er gar nicht anders konnte, als sich irgendwo im Leben eine kleine, dämliche Genugtuung zu verschaffen. Dass der ausgesprochen schlecht riechende Penner am Flaschenapparat, der gerade in aller Gemütsruhe einige Hundert leere Bierflaschen ins Automatenrohr schiebt, sicher ... Na ja, über den Fall müssen wir nicht groß reden.

Die Standardeinstellung sagt: Idioten, aus dem Weg! Oder: Was für ein Frust, was für ein graues, übles Dasein!

Aber genau hier, sagt eben Wallace, setzt »die Arbeit

des Entscheidens« ein, der Entschluss, die Dinge einfach anders zu sehen, und zu kapieren, dass wir alle große Freiheiten haben, von denen wir auch einige nutzen, die Freiheit zu siegen, zu leisten, zu blenden zum Beispiel. Dass es aber eine selten erwähnte und viel wichtigere Freiheit gibt, sie »erfordert Aufmerksamkeit und Offenheit und Disziplin und Mühe und die Empathie, andere Menschen wirklich ernst zu nehmen und Opfer für sie zu bringen, wieder und wieder, auf unendlich verschiedene Weisen, völlig unsexy, Tag für Tag«. Es geht also um wahre Bildung, Herzensbildung, wenn man so will, um die schlichte »Offenheit für das Wahre und Wesentliche«.

~

»Was mir daran gefällt«, sage ich zu meinem Freund, »dass es nicht Moral ist, die hier gepredigt wird, dass man das also alles nicht tun muss, um ein guter Mensch zu sein oder irgendwelchen Göttern zu gehorchen, sondern dass es genau andersherum ist: Man tut es für sich selbst, weil man sich nämlich entschlossen hat, die Freiheit zum Denken zu nutzen, die Freiheit, sich aus dem Gefängnis, in dem man gelandet, nein, in dem man geboren ist, zu befreien und die Welt zu verändern, indem man sie anders sieht. Nein, es ist eben genau nicht Moral, es ist nicht ein neuer Anspruch, dem man genügen und dem man sich beugen muss, es ist etwas, das jeder für sich selbst tut, das heißt: *tun kann*, wenn er es will.«

»Geht über das hinaus, was man Anstand nennt, oder?«, sagt mein Freund.

»Einerseits ja«, sage ich. »Wobei es hier ja nicht nur um den Anstand gehen sollte, sondern überhaupt um die Frage des Zusammenlebens mit anderen, und das ist, was man verstehen sollte: Zusammenleben mit anderen gehört zur Essenz des Menschen, er kann nicht anders, und dieses Zusammenleben bedeutet aber nicht, gegen andere zu kämpfen, sondern etwas für sie zu tun, verstehst du? Das scheint mir ein bisschen in Vergessenheit geraten zu sein. Andererseits hat es eben doch mit Anstand zu tun, viel sogar. Denn erstens muss auch, wer anständig sein will, eine Entscheidung treffen. Und zweitens: Es geht hier um die gleiche Entscheidung, die nämlich, seinen Verstand zu benutzen, zu denken, anzudenken gegen Automatismen, gegen das, was einen unwillkürlich treibt, für das, was zunächst ein wenig komplizierter scheint, auf lange Sicht aber einfacher ist.«

»Mir gefällt auch«, sagt mein Freund, »dass es hier um ein Ideal geht: wie wir sein wollen im Umgang mit anderen und mit uns selbst. Hast du nicht am Anfang gesagt, dass uns das fehlt?«

»Ja, das habe ich. Man braucht, glaube ich, weniger

eine Vision von der Welt als eine von sich selbst. An deren Umsetzung muss man arbeiten, Tag für Tag.«

~

Schrieb nicht der alte Knigge über den Umgang mit Menschen, er müsse auf den »Lehren von Pflichten gegründet sein, die wir allen Arten von Menschen schuldig sind«?

Bei Kwame Anthony Appiah lese ich: »Jeder Mensch, den Sie kennen und für den Ihr Tun möglicherweise Auswirkungen hat, ist ein Mensch, gegen den Sie Verpflichtungen haben. Das ist nichts anderes als der Grundgedanke der Moral.« Ich lese weiter: »Die Menschen sind verschieden, und wir können aus diesen Unterschieden viel lernen.«

Lehre von den Pflichten, das klingt für mich deshalb gut, weil es nicht schlecht sein kann, etwas von sich selbst zu erwarten und zu verlangen, eine *Menschenpflicht* zu empfinden: vielleicht zunächst einmal die Erkenntnis, wie ungeheuer weit es die Menschen hier in unserem Erdteil gebracht haben, zu welchem Grad der Zivilisation, der Kultur, des Wissens, der Selbsterkenntnis, bis zu welcher Stufe von Freiheit der Einzelnen. Und bis zu welcher Sicherheit übrigens auch: vor Kriegen, Seuchen, Naturkatastrophen, undenkbar für die ständig davon bedrohten Menschen noch des Mittelalters. Dass Europa, zum Beispiel, einmal das größte Schlachtfeld des

Erdballs war und heute ein Kontinent des Friedens ist, genau das kann nur Hoffnung bedeuten für die, die heute auf den Schlachtfeldern überleben müssen oder vor ihnen fliehen – es ist nämlich ganz offensichtlich möglich, das zu überwinden. Und es kann für die Europäer (und zwar für jeden Einzelnen von ihnen) nur heißen: zu begreifen, wie groß die Aufgabe ist, dies zu bewahren und zu entwickeln, weil es bedroht ist und immer bedroht sein wird – wodurch genau?

Vielleicht von der Unfähigkeit oder eher noch dem Unwillen des Menschen, seine wirklichen Fähigkeiten zu erkennen. Was sind seine wirklichen Fähigkeiten? In unserem Zusammenhang vor allem: hinter sich zu lassen, was in anderen Jahrtausenden wichtig war für sein Überleben, jetzt aber nicht mehr wichtig ist. Hinauszuwachsen über seine Instinkte, seine unmittelbaren Gefühle, seine Bequemlichkeit und Faulheit und Neigung zur Seelendummheit, über seine Standardeinstellungen und *default settings*. Zu dem zu finden, was ihm auch gegeben ist, was er aber bisweilen erst einmal in sich suchen muss, das Verstehen und den Verstand, alles, was er an Größe in sich trägt.

Und *allen Arten von Menschen*, auch *jeder Mensch, den Sie kennen*, bitte, das gefällt mir sehr: dass nicht nur von denen die Rede ist, die wir verstehen, die uns ähnlich sind, die wir mögen, mit denen wir sympathisieren, die unsere Ziele teilen, die ein Leben führen, das aussieht wie unseres. Sondern auch von den Feigen, den Verängstigten, den Unverschämten, den Dummen, den Lauten, den Leisen, den Störrischen, den Fremden, denen wir etwas schulden. Was schulden wir ihnen? Jedenfalls Respekt und den Versuch, zu verstehen, Anerkennung, Rücksicht, Wohlwollen, Freundlichkeit und jene Solidarität, die Grundlage dessen ist, was wir den menschlichen Anstand nennen könnten.

Der eine Sache jedes Einzelnen ist und damit eine Sache von uns allen.

~

»Nehmen wir noch ein Bier?«
»Es wäre das vierte.«
»Ein Mensch hält sich im Zaum.«
»Dann ist es eben das letzte!«
»Und welches?«

~

Literatur, eine Auswahl

Appiah, Kwame Anthony *Der Kosmopolit. Philosophie des Weltbürgertums* Verlag C. H. Beck 2007

Aristoteles, *Nikomachische Ethik* Reclam 2010

Bauman, Zygmunt *Die Angst vor den anderen* edition suhrkamp 2016

Bude, Heinz *Gesellschaft der Angst* Hamburger Edition 2014

Camus, Albert *Der erste Mensch* Rowohlt 1995

Camus, Albert *Die Pest* Rowohlt 1998

Ehrenreich, Barbara *Angst vor dem Absturz. Das Dilemma der Mittelklasse* Kunstmann 1992

Erlinger, Rainer *Höflichkeit. Vom Wert einer wertlosen Tugend* S. Fischer 2016

Fallada, Hans, *Jeder stirbt für sich allein* Aufbau Taschenbuch 2010

Fallada, Hans *Kleiner Mann – was nun?* Rowohlt 1950

Franck, Georg *Ökonomie der Aufmerksamkeit* Hanser 1998

Junger, Sebastian *Tribe. Das verlorene Wissen um Gemeinschaft und Menschlichkeit* Blessing 2017

Goodhart, David *The Road to Somewhere. The Populist Revolt and the Future of Politics* C. Hurst & Co. Publishers 2017

Göttert, Karl-Heinz *Zeiten und Sitten. Eine Geschichte des Anstands* Reclam 2009

Harari, Yuval *Eine kurze Geschichte der Menschheit* Pantheon 2015

Harari, Yuval *Homo Deus* C.H. Beck 2017

Kästner, Erich *Fabian. Die Geschichte eines Moralisten* Atrium 2017

Kästner, Erich *Lärm im Spiegel* C. Weller Co. Verlag 1929

Kobek, Jarett *Ich hasse dieses Internet* S. Fischer 2016

Knigge, Adolph Freiherr von *Über den Umgang mit Menschen* Insel 1977

Lantermann, Ernst-Dieter *Die radikalisierte Gesellschaft. Von der Logik des Fanatismus* Blessing 2016

Loriot *Loriot's Dramatische Werke* Diogenes 1981

Marc Aurel *Selbstbetrachtungen* Insel 1992

Metelmann, Jörg/Beyes, Timon (Hrsg.) *Anstand* Berlin University Press 2011

Nida-Rümelin, Julian *Über Grenzen denken: Eine Ethik der Migration* edition Körber-Stiftung 2017

Orwell George *1984* Ullstein 1994

Radisch, Iris *Camus* Rowohlt 2014

Wallace, David Foster *Das hier ist Wasser/This is Water* Kiepenheuer & Witsch 2012

Wolff, Rudolf (Hrsg.) *Erich Kästner. Werk und Wirkung.* Bouvier 1983

Dank

Viele meiner Bücher, vor allem *Der kleine König Dezember*, *Das Beste aus meinem Leben* und *Die Tage, die ich mit Gott verbrachte*, hätte ich ohne Ursula Mauder, meine Frau, nicht schreiben können; ihre Anregung, ihr Rat, ihre Kritik, Ermunterung, Formulierungsgabe und mitreißende Begeisterung sind grundlegend für meine Arbeit. Das gilt ganz besonders für dieses Buch, über dessen Grundzüge wir seit Jahren immer wieder geredet haben; ohne all diese Gespräche wäre es nicht denkbar.

Für Gedanken, Hinweise und Anregungen schulde ich David Hacke, Giovanni di Lorenzo, Arno Makowsky, Julian Nida-Rümelin, Stefan Postpischil und Andreas Schäfler großen Dank.

Und ich danke von Herzen Antje Kunstmann, seit Jahrzehnten meine Verlegerin, die im Januar 2017 nach einer hingeworfenen Bemerkung über das Thema *Anstand* nicht lockerließ, bis ich mich hinsetzte und zu arbeiten begann.

4. Auflage 2017
© Verlag Antje Kunstmann GmbH, München 2017
Umschlaggestaltung: Heidi Sorg und Christof Leistl
Satz: Schuster & Junge
Druck und Bindung: CPI – Clausen und Bosse, Leck
ISBN 978-3-95614-200-0